Petra Bartoli y Eckert

5-Minuten-
SCHMUNZELGESCHICHTEN
für Senior*innen

SCHERBEN BRINGEN GLÜCK!

... und weitere humoristische Anekdoten zum Vorlesen, Lachen und Plaudern

Verlag an der Ruhr

IMPRESSUM

Titel
*5-Minuten-Schmunzelgeschichten für Senior*innen*
Scherben bringen Glück!
... und weitere humoristische Anekdoten zum Vorlesen, Lachen und Plaudern

Autorin
Petra Bartoli y Eckert

Umschlag- und Rahmenlayoutmotive
Hintergrundmuster: © paladin1212 – stock.adobe.com
Kanne: © ra2 studio – Shutterstock.com
Buch-Icon: © ksenvitaln – Shutterstock.com

Fotos im Innenteil
siehe Bildnachweis auf Seite 128

Lektorat
Corina Altmann

Gestaltung, Layout, Satz
ebene N, Mülheim an der Ruhr

Druck
AZ Druck und Datentechnik GmbH, Kempten, DE

Verlag an der Ruhr
Mülheim an der Ruhr
www.verlagruhr.de

ISBN 978-3-8346-4391-9

Inhaltsverzeichnis

VORWORT

Liebe Vorlesende*, liebe Zuhörende,

wir alle wissen: Lachen ist gesund und Lachen macht glücklich. Denn Lachen setzt Botenstoffe frei, die unser Immunsystem stärken und für Wohlbefinden sorgen. Außerdem ist es ansteckend. Wenn jemand anders herzhaft lacht, lachen wir mit. Das habe ich selbst beim Recherchieren für meine Geschichten erlebt. Ich habe mich mit vielen Senior*innen unterhalten und mir lustige, humorvolle und amüsante Erinnerungen erzählen lassen. Wir hatten alle großen Spaß und haben gemeinsam viel gelacht. So manche Anekdote hat mich zu einer der Geschichten in diesem Buch inspiriert.
Mittlerweile schreibe ich schon seit zwölf Jahren Bücher – vor allem für Kinder und Jugendliche, aber auch immer wieder für ältere Menschen. Das ist für mich eine große Freude. Denn so entstehen Kontakte und Verbindungen.

* Der Verlag an der Ruhr legt großen Wert auf eine geschlechtergerechte und inklusive Sprache. Daher nutzen wir das Gendersternchen, um sowohl männliche und weibliche als auch nichtbinäre Geschlechtsidentitäten einzuschließen. Alternativ verwenden wir neutrale Formulierungen. In den Geschichten in diesem Buch verzichten wir dennoch auf das Gendern. Dies ist eine Einzelfallentscheidung aus didaktischen Gründen und ist in keinem Fall ausschließend oder diskriminierend zu verstehen.

Und das Schreiben von Geschichten für Senior*innen macht mir großen Spaß. Kein Wunder also, dass es diesmal eine Sammlung an Geschichten zum Schmunzeln geworden ist. Ich hoffe, Ihnen bereitet das Lesen und Vorlesen der Geschichten ebenso viel Freude wie mir das Schreiben!
Ich wünsche Ihnen, dass dabei so manche lustige Erinnerung wieder zum Leben erweckt wird. Dass Sie sich in den Geschichten wiederfinden. Und dass die Geschichten Sie anregen, gemeinsam darüber und über eigene Erlebnisse ins Gespräch zu kommen.

Herzlichst
Petra Bartoli y Eckert

Über die Reihe

Mit den **„5-Minuten-Schmunzelgeschichten für Senior*innen“** ist gute Laune garantiert: Das bunte Potpourri an humoristischen Anekdoten lädt zum Vorlesen und fröhlichen Plaudern, zum gemeinsamen Spaßhaben und herzhaften Lachen ein und ermöglicht allen Senior*innen ein vergnügliches Vorleseerlebnis.

Die kurzen, pointierten Geschichten in großer Schrift knüpfen humorvoll an das frühere, vertraute Alltagsgeschehen an. Einfache, klare Formulierungen machen die Geschichten leicht zugänglich und wecken Erinnerungen an eigene lustige Erlebnisse, die ein Lächeln ins Gesicht zaubern.

Passend zu den Geschichten bekommen Sie **biografische Anschlussfragen** zum gemeinsamen Austausch an die Hand sowie **kleine Aktivierungsideen**, die zusätzlich für gute Stimmung sorgen – zum Anknüpfen und Vertiefen.

Rosenduft zum Hochzeitstag

Wolfgang tritt ungeduldig von einem Fuß auf den anderen. Er steht vor der Haustür seiner Schwester Hildegard. Wolfgang legt den Kopf in den Nacken. Im dritten Stock ist das Küchenfenster gekippt. Also muss Hildegard zu Hause sein. Er drückt noch einmal auf den Klingelknopf. Wo bleibt Hildegard nur? Endlich öffnet sich die Tür. Wolfgangs Schwester tritt aus dem Haus und sieht ihren Bruder erstaunt an.

„Was machst du denn hier?“, fragt sie.

„Ich brauche deine Hilfe“, antwortet Wolfgang und zeigt auf Hildegards Pantoffel.

„Zieh dir mal anständige Schuhe an. Du musst mit mir zum Einkaufen gehen.“

Hildegard macht große Augen. Bevor sie widersprechen kann, fügt Wolfgang an:

„Morgen ist doch der erste Hochzeitstag von Rose und mir. Und Rose wünscht sich so sehr ein neues Parfüm. Du musst mir beim Aussuchen helfen.“

Hildegard rümpft die Nase.

„Typisch Mann. Immer auf den letzten Drücker“, murmelt sie.

Hektisch blickt Wolfgang auf seine Armbanduhr.

„Jetzt mach schon“, sagt er. „In zwei Stunden machen die Läden zu.“

Hildegard schüttelt den Kopf.

„Ich habe ein Gulasch auf dem Herd. Such dir jemand anders, der dir hilft.“

Wolfgang lässt nicht locker. Alleine wird er nie den passenden Duft für seine Gattin finden. Da muss eine Frau dabei sein, davon ist Wolfgang überzeugt. Er sieht seine Schwester mit einem Hundeblick an.

„Aber Hildelein, du bist meine Lieblingsschwester. Außerdem hast du einen guten Geschmack", bettelt Wolfgang. Dann schnuppert er.

„Und du riechst selbst so gut. Du bist also sicher die beste Parfümberaterin auf der ganzen Welt", ergänzt er.

Hildegard legt ihren Kopf schief.

„Du hast ja nur die eine Schwester. Da kann man leicht die Lieblingsschwester sein. Wenn du glaubst, du kommst bei mir mit Schmeicheleien weiter ...", fängt sie an.

Wolfgang hebt beschwichtigend seine Hände.

„... dann hast du Recht", fährt Hildegard fort und lacht.

„Gib mir fünf Minuten. Dann können wir loslegen."

Eine halbe Stunde später stehen Wolfgang und Hildegard in der Parfümabteilung im großen Kaufhaus am Marktplatz. Wolfgang zieht seine Nase kraus. So viele verschiedene Gerüche! Hildegard greift nach einem hübschen Glasflacon. Sie schraubt den Deckel ab und wedelt mit der Hand über die Flaschenöffnung. Dann schüttelt sie den Kopf und stellt das Fläschchen wieder zurück.

„Zu herb“, sagt sie.

Wolfgang nickt heftig. Wenn seine Schwester das sagt, dann wird das schon stimmen. Während Hildegard sich umsieht, tritt eine Verkäuferin hinter Wolfgang.

„Kann ich Ihnen weiterhelfen?“, erkundigt sie sich.

Wolfgang fährt erschrocken herum.

„Ja, ... also ... vielleicht. Was meinst du, Hildegard?“, stammelt er.

Hildegard lächelt der Verkäuferin zu und nickt.

„Wir suchen einen Duft. Für die Frau meines Bruders.“

Hildegard deutet mit dem Finger auf Wolfgang und blinzelt der Verkäuferin zu. Die lächelt verschwörerisch.

„Was soll es denn Schönes sein?“, fragt sie.

„Na, am besten ein Parfüm“, meint Wolfgang erstaunt. Die Verkäuferin und seine Schwester lachen beide auf. Dann ergreift Hildegard das Wort: „Ich denke, etwas Frisches. Oder vielleicht etwas Blumiges. Nicht wahr, Wolfgang?“

Wolfgang nickt. Klar! „Blumen sind gut. Die passen auch perfekt zu meiner Frau. Immerhin heißt sie Rose.“

Die Verkäuferin verkneift sich ein erneutes Lachen. Dann zieht sie ein Fläschchen aus dem Regal. Sie hält es Wolfgang hin. Aber Hildegard nimmt es ihr einfach aus der Hand.

„Das nehmen wir“, sagt Hildegard bestimmt.

Wolfgang nickt erleichtert und sieht auf seine Uhr. Die Auswahl hat eine Viertelstunde gedauert. Ihm kam es wie eine Ewigkeit vor. Die Verkäuferin begleitet Wolfgang und Hildegard zur Kasse.

„Das macht 22 Mark und 20 Pfennig“, sagt sie und schreibt alles auf ihren Rechnungsblock.

„Ganz schön teuer“, murmelt Wolfgang, während er in seiner Geldbörse nach Kleingeld kramt.

Hildegard gibt ihm einen Stoß in die Seite.

„Jetzt hör aber auf. Erst schleppst du mich mit zum Einkaufen und dann willst du kein Geld ausgeben. Das wird dir deine Frau ja wohl wert sein“, zischt sie.

„Du hast ja Recht“, brummt Wolfgang und bezahlt.

Wolfgang begleitet seine Schwester noch nach Hause. Vor der Tür bedankt er sich ganz herzlich für ihre Unterstützung. Dann fällt ihm noch etwas ein.

„Kannst du das Parfüm vielleicht noch hübsch verpacken?“, fragt er.

Hildegard schüttelt entschieden den Kopf.

„Das schaffst du ganz alleine. Ich muss mich jetzt endlich wieder um mein Gulasch kümmern“, sagt sie und klopft ihm auf die Schulter.

„Aber …“, will Wolfgang noch sagen.

Doch Hildegard ist bereits im Haus verschwunden. Wolfgang seufzt. Dann fällt ihm ein, dass noch Einwickelpapier von Weihnachten in der Schublade im Flur ist. Damit wird er das Parfüm schon verpackt kriegen.

Am nächsten Tag betritt Wolfgang am Morgen die Küche. Rose setzt gerade Wasser für den Kaffee auf. Wolfgang räuspert sich. Eine Hand hat er hinter dem Rücken verborgen. Rose dreht sich um.

„Alles Gute zum Hochzeitstag“, sagt Wolfgang und strahlt seine Frau an.

„Ach, wie schön, dass du daran gedacht hast!“, ruft Rose erfreut und geht auf Wolfgang zu.

Sie schlingt ihre Arme um seinen Hals und drückt ihm einen Kuss auf den Mund.

„Ich habe ein Geschenk für dich“, sagt Wolfgang, als Rose sich wieder von ihm gelöst hat.

Er zieht seine Hand hervor und hält Rose ein Päckchen entgegen.

„Für mich?“, fragt Rose gerührt.

Wolfgang nickt. Er sieht, dass Rose grinst, als sie das Papier mit den Tannenbäumen vom Päckchen löst.

„Das hast du selbst eingepackt, stimmt's?“, sagt sie.

„Klar. Für dich mache ich alles“, sagt Wolfgang stolz.

Rose schraubt den Deckel vom Glasfläschchen. Dann stößt sie einen begeisterten Schrei aus.

„Ein Parfüm mit Rosenöl!“, ruft sie.

Rose tupft sich ein paar Tropfen des Duftes hinters Ohr und neigt den Kopf. Wolfgang schnuppert.

„Hast du das auch selbst ausgesucht?“, will Rose wissen.

Sie schmiegt sich an Wolfgang und legt ihren Kopf an seine Schulter.

„Aber natürlich. Oder traust du mir das etwa nicht zu?“, nuschelt Wolfgang etwas undeutlich in ihr Haar.

Und er hat auch gar kein schlechtes Gewissen, dass er ein klitzekleines bisschen geflunkert hat. Wenn Hildegard dichthält, wird das auch nie rauskommen.

LASSEN SIE ERZÄHLEN

- *Haben Sie Ihren Hochzeitstag gefeiert?*
- *Was haben Sie schon einmal zum Hochzeitstag verschenkt oder bekommen?*
- *Haben Sie schon einmal Parfüm ausgewählt?*
- *Welchen Duft mögen Sie am liebsten? Woran erinnert Sie der Duft vielleicht?*

WAS SIE NOCH TUN KÖNNEN

Besorgen Sie sich einige Duftöle, z. B. Orangenöl, Lavendelöl, Fenchelöl und Zimtöl. Geben Sie einige Tropfen davon auf je einen Wattebausch. Lassen Sie Ihre Zuhörer*innen daran schnuppern und erzählen, woran sie der Geruch erinnert.

DER VEREINSABEND

Heute Abend ist das Treffen der „Sportfreunde Neustadt“. Die Frauen sind auch eingeladen. Das ist jedes Jahr am Tag der Vereinsgründung so. Und jedes Jahr ist es auch gleich langweilig. Jutta steht im Schlafzimmer vor der Spiegelkommode und seufzt. Allein der Gedanke an den Vereinsabend lässt sie gähnen. Aber wenn man verheiratet ist, muss man eben so manch bittere Pille schlucken.

„Was tut man nicht alles für seinen Mann", sinniert Jutta und fährt sich durch die Haare.

Im Schloss der Wohnungstür wird ein Schlüssel gedreht.

„Ich bin zu Hause", hört Jutta ihren Mann Friedhelm rufen. Sie sieht auf die Uhr.

„Heute ist er aber besonders pünktlich. Dabei hätte ich gar nichts dagegen gehabt, wenn er sich mehr Zeit gelassen hätte", murmelt sie.

Jutta schlüpft in ihr grünes Sommerkleid und betrachtet sich kurz im Spiegel. Sie nickt zufrieden. Dann tritt sie in den Flur. Sie hört, wie Friedhelm in der Küche hantiert.

Jutta öffnet die Küchentür. Friedhelm schließt gerade den Kühlschrank. Jutta umarmt ihren Mann von hinten und drückt ihm einen Kuss auf die Schulter. Friedhelm dreht sich um.

„Hallo, Jutta. Ich bin heute mal früher aus dem Büro gekommen", begrüßt er seine Frau.

„Freust du dich schon auf heute Abend?", fragt er ganz nebenbei.

Jutta setzt ein Lächeln auf. Der Abend mit den Sportlerfreunden ist ihm so wichtig. Um nichts in der Welt würde er den sausen lassen. Und Jutta will ihm die Freude auf keinen Fall verderben. Darum versucht sie, begeistert zu klingen.

„Aber natürlich, mein Lieber. Das wird bestimmt sehr nett. Wie jedes Jahr."

Friedhelm holt kurz Luft und klappt seinen Mund auf. Jutta lächelt noch ein bisschen breiter. Da schließt Friedhelm seinen Mund wieder und nickt. Jetzt lächelt er auch.

„Ja, das wird ein Spaß werden. Bestimmt hat Manfred wieder eine Rede vorbereitet. Und Inge wird wieder eines ihrer Lieder anstimmen", sagt er.

Jutta nickt heftig.

„Ja, das wird toll. Können wir gleich los?"

„Aber klar doch. Ich zieh mich nur eben um", meint Friedhelm.

Er verschwindet und Jutta ruft ihm noch schnell nach: „Deine Sachen hab ich dir schon rausgelegt."

Als sie kurze Zeit später im Gasthaus „Zum Ochsen" ankommen, ist das Nebenzimmer rappelvoll. Jutta und Friedhelm sind die Letzten, die dazustoßen.

„Kommt, setzt euch zu uns!", ruft Inge und winkt die beiden heran.

Kaum sitzen sie, klopft Manfred Sperling, der Vereinsvorstand, auch schon laut mit den Fingerknöcheln auf den Tisch.

„Ruhe, bitte!", sagt er mit sonorer Stimme.

Das Gemurmel ebbt ab. Alle Augen richten sich auf Manfred.

„Jetzt kommt wieder die alljährliche Rede. Sicher zum Einschlafen langweilig, wie immer", denkt Jutta und hätte am liebsten die Augen zugemacht.

„Im Namen der ‚Sportfreunde Neustadt' begrüße ich alle ganz herzlich", beginnt er. „Ich fasse mich kurz."

„Schön wär's", murmelt Jutta lautlos.

Während Manfred ausholt, hängt Jutta ihren Gedanken nach: Was könnte sie morgen wohl tun? Richtig, die Gardinen müssten gewaschen werden. Dann könnte sie auch gleich die Fenster putzen … Plötzlich zuckt Jutta zusammen. Hat sie das Fenster im Schlafzimmer zugemacht, bevor sie gegangen sind? Heute soll es Gewitter geben. Wenn das Fenster noch sperrangelweit offen steht, wird es reinregnen! Oder hat sie das Fenster doch zugemacht? Jutta zermartert sich das Hirn. Aber es will und will ihr einfach nicht einfallen.

Sie sieht auf. Manfred redet immer noch. Ein Ende ist nicht in Sicht. Jutta tippt Friedhelm auf die Schulter. Der sieht sie fragend an.

„Ich glaube, ich muss nach Hause. Ich hab das Schlafzimmerfenster offen gelassen", flüstert sie ihm ins Ohr.

Kaum hat Jutta den Satz fertig gesprochen, springt Friedhelm schon auf. Manfred verstummt mitten im Wort. Alle sehen Friedhelm an. Der fasst Jutta am Arm und zieht sie hoch.

„Wir müssen leider sofort los. Es handelt sich um einen Notfall", sagt er hastig und zieht Jutta mit sich aus dem Gastraum.

Sie kann gerade noch einen schnellen Blick in die Runde werfen. Mit einem Nicken verabschiedet sie sich. Dann stehen sie auch schon vor dem „Ochsen" auf der Straße.

„Aber das ist doch gar kein Notfall", wendet sich Jutta an ihren Mann, als sie wieder Worte findet.

Doch Friedhelm schüttelt den Kopf.

„Selbstverständlich müssen wir sofort nach Hause. Wenn du dir Sorgen machst, ist das schon ein Notfall."

Jutta sieht Friedhelm irritiert an.

„Na, gut. Ich gehe nach Hause und sehe nach dem Fenster. Aber du kannst doch hierbleiben. Immerhin ist dir der Vereinsabend doch so wichtig."

Friedhelm reißt die Augen auf.

„Was? Mir ist der Abend doch richtig zuwider. Ich mag das Gerede und das aufgesetzte Lustigsein überhaupt nicht. Ich gehe nur dir zuliebe hin. Weil du dich doch immer schon so darauf freust."

Da bricht Jutta in schallendes Gelächter aus.

„Ich freue mich ganz und gar nicht darauf. Ich finde den alljährlichen Sportlerabend nur langweilig. All die Jahre bin ich nur mitgegangen, um dir eine Freude zu machen."

Jetzt fängt auch Friedhelm an, zu lachen.

„Na, das haben wir ja wirklich prima hinbekommen. Jeder von uns findet den Abend schrecklich. Aber keiner sagt etwas, nur um dem anderen einen Gefallen zu tun."

Glucksend machen sich die beiden auf den Weg nach Hause.

„Ein Gutes hat es aber schon", meint Jutta beim Gehen. „Immerhin wissen wir jetzt, dass jeder bereit ist, für den anderen Opfer zu bringen."

Friedhelm nickt. Dann müssen die beiden wieder lachen.

LASSEN SIE ERZÄHLEN

- *Waren Sie früher auch in einem Verein?*
- *Welche Veranstaltungen haben Sie früher besucht?*
- *Welche Veranstaltungen haben Sie nicht gemocht, sind aber trotzdem hingegangen?*
- *Was haben Sie schon einmal jemand anderem zuliebe gemacht?*
- *Haben Sie sich schon einmal mit einer Ausrede aus der Affäre gezogen?*
- *Haben Sie schon einmal ein Missverständnis erlebt, das sich erst viel später aufgeklärt hat?*

FRÄULEIN BECKER ZUM DIKTAT!

Gabriele Becker liebt ihre Arbeit. Seit einem halben Jahr hat sie eine feste Anstellung als Sekretärin bei „Halliger und Söhne". Mit der Firma hätte sie es nicht besser treffen können. Der Lohn ist gut. Die Kolleginnen sind nett. Und der Seniorchef Herr Halliger ist immer korrekt. Vielleicht ein bisschen streng. Aber freundlich und gerecht. Dafür ist Gabriele auch bereit, die eine oder andere Überstunde zu machen.

Aber nicht nur deshalb. Auch wegen Norbert, dem Vorarbeiter. Ihn kann Gabriele oft beobachten, wenn sie aus ihrem Bürofenster sieht. Und was sie da zu sehen bekommt, gefällt ihr ausgesprochen gut. Fesch ist er, der Norbert. Groß gewachsen, lockiges, braunes Haar, fester Gang. Nur leider ist sie ihm bisher noch nicht aufgefallen. Gabriele seufzt verträumt. Dann schüttelt sie den Gedanken ab und macht sich wieder an die Arbeit.

Der Bürotag läuft wie immer: Gabriele sortiert die Post. Sie ordnet alle Papiere in die richtigen Mappen ein. Dann tippt sie Geschäftsbriefe ab. Und natürlich geht sie ran, wenn das Telefon schellt. Kurz vor Feierabend hat Gabriele schon alles auf ihrem Schreibtisch ordentlich zurechtgeschoben. In 15 Minuten wird sie den Bus nach Hause nehmen. Doch dann kommt es anders, als sie denkt.

„Fräulein Becker zum Diktat!", ruft Herr Halliger laut und vernehmlich aus seinem Chefzimmer.

Gabriele ist eigentlich schon in Feierabendstimmung. Deshalb stöhnt sie leise auf. Aber dann strafft sie ihre Schultern und greift nach dem Stenografie-Block.

„Bin schon unterwegs, Herr Halliger", ruft sie und eilt zum Chef.

Das Diktat dauert länger als erwartet. Gabriele sitzt vor Halligers Schreibtisch. Den Stenografie-Block hat sie auf dem Schoß. Gabriele füllt etliche Seiten mit flinken Fingern. Stenografie gefällt ihr und sie ist darin sehr geschickt.

„Schreiben Sie noch ‚Hochachtungsvoll'. Dann sind wir fertig", beendet Herr Halliger den Brief.

Gabriele notiert. Schließlich hebt sie den Bleistift vom Papier und steht auf.

„Ach, noch etwas. Der Brief eilt. Können Sie ihn bitte noch heute abtippen?", wendet sich Herr Halliger an sie.

Gabriele schluckt. Dann wird es heute nicht bei einer Überstunde bleiben. Aber natürlich nickt sie schließlich. „Sicher. Kein Problem, Herr Halliger."

Gabriele macht sich sofort auf den Weg zu ihrem Schreibtisch. Sie spannt zwei Blatt Papier mit Kohlepapier dazwischen in ihre Schreibmaschine.

„Unterschreiben muss Herr Halliger den Brief ja dann auch noch“, überlegt Gabriele, bevor sie loslegt.

Sie nimmt schon einmal den guten Füller aus der Schublade.

„Keine Tinte mehr“, stellt sie fest. Gabriele kramt nach dem Glas mit der Tinte. Vorsichtig taucht sie die Feder ins Fässchen.

In dem Moment betritt jemand ihr Büro.

„Ist der Chef noch da?“, fragt ein Mann.

Gabriele fährt herum. Norbert! Ihr Herz beginnt, schneller zu schlagen. Ruckartig springt sie auf. Dabei bleibt ihre Hand am Tintenfässchen hängen. Das Gefäß kippt – und fällt schließlich polternd um. Tinte ergießt sich über Gabrieles Tisch. Und über ihren Stenografie-Block.

„Oh, nein!“, schreit Gabriele auf.

„Er ist nicht mehr da?“, fragt Norbert verwundert.

„Das ist eine Katastrophe!“, jammert Gabriele.

„Dass der Chef schon gegangen ist?“, meint Norbert erstaunt.

„Nein. Natürlich nicht. Der Chef ist nicht das Problem. Aber das hier.“

Gabriele deutet auf den blauen See auf dem Papier.

„Jetzt kann ich nicht mehr lesen, was ich stenografiert habe. Das ist schrecklich.“

Gabriele sieht, wie Norbert ein zerknirschtes Gesicht macht. Langsam hat sie sich wieder gefasst. Sie zieht ein Taschentuch aus ihrer Rocktasche und tupft auf dem Block herum.

„Ach ja: Der Chef ist noch da", sagt sie dann, ohne Norbert anzusehen.

Gabriele hört, wie er an der Tür von Halliger klopft. Mehr bekommt sie nicht mehr mit. Sie ist viel zu sehr beschäftigt, das Diktat irgendwie zu retten. Was ihr aber nicht gelingt.

„Heute ist wirklich mein Pechtag", murmelt sie und rauft sich die Haare.

Es hilft nichts. Gabriele muss improvisieren. Sie überlegt. Was hatte Halliger alles diktiert? Es ging um ein Angebot für einen Kunden. Wie eine Detektivin versucht Gabriele, aus den wenigen Bleistiftstrichen, die noch zu erkennen sind, schlau zu werden.

„Werter Herr ...", beginnt sie, zu tippen.

Gabler? Oder Galler? Gabriele entscheidet sich für Galler. Sie glaubt, dass sie den Namen schon einmal gelesen hat. So macht sie weiter. Wort für Wort. Sie entziffert, rät und dichtet dazu. Eine gefühlte Ewigkeit braucht sie, um den Brief fertig zu tippen.

Als sie die Blätter aus der Schreibmaschine zieht, öffnet sich die Tür des Chefbüros. Gabriele blickt hoch. Norbert kommt heraus. Er sieht zufrieden aus. Schnurstracks tritt er an Gabrieles Schreibtisch und grinst.

„Na, Fräulein Gabriele, haben Sie Ihre Aufzeichnungen retten können?", fragt er kleinlaut.

Gabriele lässt den Kopf sinken.

„Ich weiß nicht so recht. Das ist ein wirklicher Pechtag heute. Wahrscheinlich kann ich froh sein, wenn der Chef mir nicht den Kopf abreißt", antwortet sie matt.

Norbert setzt sich mit einer Pobacke auf die Schreibtischkante.

„Ich habe eine gute Nachricht für Sie", sagt er und grinst.

„Der Chef hat mich gebeten, Ihnen etwas auszurichten. Der Brief hat sich erledigt. Sie können Feierabend machen."

Gabriele sieht Norbert ungläubig an. Dann hat sie sich die ganze Arbeit umsonst gemacht? Das darf doch wohl nicht wahr sein! Gabriele schaut auf die Uhr.

„Na, prima, meinen Bus habe ich jetzt auch verpasst", murmelt sie und ist dabei den Tränen nahe.

Doch dann nimmt die Geschichte wie aus heiterem Himmel doch noch eine Wendung. Norbert springt auf und reibt sich die Hände.

„Dann werde ich Sie jetzt nach Hause fahren. Ich chauffiere Sie in meinem neuen VW-Käfer, wenn Sie es mir erlauben", schlägt er vor und grinst.

Gabriele sieht ihn an und ist plötzlich ziemlich verlegen.

„Schließlich bin ich an Ihrer Misere nicht ganz unschuldig", fügt Norbert hinzu.

„Wenn man es so sieht ...", haucht Gabriele schüchtern.

Dann greift sie nach ihrem Mantel. Manchmal liegen Pech und Glück ganz nah beieinander. Es sieht so aus, als könnte das heute noch ihr Glückstag werden.

LASSEN SIE ERZÄHLEN

- *Wo haben Sie früher gearbeitet?*
- *Mussten Sie häufig Überstunden machen?*
- *Ist Ihnen bei der Arbeit schon einmal ein Missgeschick passiert?*
- *Haben Sie sich früher einmal von jemandem nach Hause bringen lassen oder jemanden nach Hause begleitet?*
- *Konnten Sie in der Arbeit Bekanntschaften schließen?*

So ein Theater!

Siegfried ist seit fünf Monaten der Vorsitzende des Junggesellenvereins. Noch dazu ist er der Jüngste in der Runde und hat den Kopf voller Ideen.

„Dieses Jahr im Herbst können wir doch einmal etwas Besonderes machen“, schlägt er vor.

„Was ist am Herbstmarkt und am Musikabend schlecht?“, fragt Bernhard, der frühere Vorsitzende, etwas genervt.

Siegfried hebt beschwichtigend die Hand.

„Nichts natürlich. Das soll ja auch bleiben. Aber ich dachte, wir könnten mal etwas Neues ausprobieren."

„Und was?", erkundigt sich Ulrich, der eigentlich ständig etwas zu kritisieren hat.

„Wir spielen Theater. Da kommen bestimmt viele Familien gern!", sagt Siegfried und sieht gespannt in die Runde.

„Die Jungen haben nichts als Flausen im Kopf", murmelt Bernhard. „Wenn du das in die Hand nimmst, bitte schön!"

„Ich bin dabei", meldet sich Harald.

Zwei andere Burschen melden sich ebenfalls.

„Aber wir brauchen auch die Damenwelt. Sonst wird das nichts", gibt Harald zu bedenken.

„Ja, dann mach dich mal an die Arbeit", sagt Bernhard und klingt skeptisch.

Das lässt sich Siegfried nicht zweimal sagen. Er schreibt etliche Plakate und klebt sie nach Feierabend im ganzen Stadtteil an die Litfaßsäulen. Harald geht ihm dabei zur Hand.

„Schauspieler gesucht! Der Junggesellenverein spielt Theater. Junge Damen und Herren willkommen. Erste

Probe am Sonntag, 18. September, nach der Messe im Pfarrsaal."

Nachdenklich betrachtet Siegfried das letzte Plakat, das er aufgeklebt hat.

„Hoffentlich kommt jemand", murmelt er.

Harald klopft ihm auf den Rücken.

„Bestimmt! Die Idee ist doch grandios."

Und tatsächlich füllt sich der Pfarrsaal am nächsten Sonntag ruckzuck. Nicht nur Siegfried, Harald und die anderen Junggesellen sind da. Auch Margarete, Irmgard und Gitti sind gekommen. Siegfried sieht zufrieden in die Runde. Dann bittet er um Ruhe.

„So, lasst uns beginnen. Als Erstes müssen wir uns einig werden, welches Stück wir spielen wollen", richtet er sich an alle Anwesenden.

„Etwas Lustiges!", fordert Irmgard.

„Und etwas über Liebe", sagt Gitti schüchtern. Harald lässt sich vor ihr auf die Knie fallen und streckt seine Arme nach oben.

„Oh, Holde, darf ich Ihr Galan sein?", säuselt er.

Gitti reißt die Augen auf und gibt ihm einen Klaps auf die Stirn.

„Du? Mein Galan? Im Leben nicht!"

Alle brechen in schallendes Gelächter aus. Sogar Harald, auch wenn er zuerst beleidigt seinen Mund verzieht. Irgendwann klatscht Siegfried in die Hände und mahnt alle wieder zur Ernsthaftigkeit.

„Wir brauchen ein Stück, das zu uns passt. Und in dem jeder eine Rolle spielen kann", überlegt er laut.

Die Burschen und Mädchen zucken alle nur ratlos mit den Schultern.

„Wir spielen einen Schwank", sagt Harald.

„Wir könnten aber auch etwas Klassisches spielen. ‚Romeo und Julia' vielleicht?", meint Margarete.

So geht das hin und her. Immer wieder schmeißt sich einer ins Zeug und spielt eine Szene vor, so wie er sich das vorstellt.

Harald macht den Clown und stolpert über seine Füße. Irmgard nimmt das Schauspiel ernst und versucht, ihn aufzufangen. Doch das geht schief und beide fallen Arm in Arm um. Gitti schlüpft in die Rolle von Shakespeares Julia und haucht: „Drei Worte, Romeo, dann gute Nacht!"

Harald antwortet wie aus der Pistole geschossen: „Da fällt mir ein: ‚Wer nicht liebt Wein, Weib und Gesang, der bleibt ein Narr sein Leben lang!' Gute Nacht."

So geht das den halben Nachmittag – bis Siegfried entnervt auf den Boden stampft.

„So kommen wir nicht weiter. Wir sollen ein Stück finden. Und ihr macht alle nur ein großes Theater", presst er hervor.

Plötzlich reißt Margarete ihre Arme hoch.

„Das ist es!", ruft sie.

Alle Blicke sind auf sie gerichtet. Niemand versteht, was sie damit sagen will.

„Wir haben unser Stück eben selbst erfunden. Wir spielen eine Komödie. Nämlich darüber, wie wir uns streiten, was wir aufführen sollen. Genau so, wie wir es gerade gemacht haben."

Erst sind alle noch skeptisch. Aber nach und nach wird daraus Begeisterung. Siegfried übernimmt die Regie. Alle anderen spielen noch einmal, was sie sich vorhin ausgedacht haben. Daraus basteln sie gemeinsam das Stück. Am frühen Abend sind sich alle einig und das Theaterstück ist unter Dach und Fach.

„Und wie wollen wir das Stück nennen?", überlegt Harald.

„Der Junggesellenverein macht Theater", schlägt Irmgard vor.

Damit sind alle einverstanden. Sie verabreden sich für die kommenden Abende zum Proben und legen die Termine für die Aufführungen fest. Siegfried kommt wieder zum Zug. Er soll die Plakate dafür übernehmen.

Mitte Oktober zur Premiere ist der Pfarrsaal brechend voll. Die Schauspielgruppe macht ihre Sache hervorragend. Es kommt zwar zu einigen Versprechern und kleineren Pannen. Aber weil das Stück ja selbst erfunden ist, merkt das im Publikum niemand. Im Gegenteil: Die Zuschauer sind begeistert. Sie belohnen die Aufführung mit einem tosenden Schlussapplaus.
Nach der Vorstellung kommt Bernhard, der frühere Vorsitzende des Junggesellenvereins, hinter die Bühne. Er tritt auf Siegfried zu und schüttelt ihm die Hand.

„Tolles Theaterstück. Die Idee hätte glatt von mir sein können“, gratuliert er.

Siegfried grinst zufrieden.

„Das Junggesellentheater wird jetzt zur Tradition. Und das Stück erfinden wir jedes Mal selbst“, beschließt er.

Harald, Margarete, Irmgard, Gitti und die anderen sind sofort einverstanden.

LASSEN SIE ERZÄHLEN

- *Haben Sie auch schon einmal Theater gespielt? Welche Rolle hatten Sie?*
- *Gehen Sie gern ins Theater?*
- *Welche Stücke haben Sie schon einmal gesehen?*

WAS SIE NOCH TUN KÖNNEN

Spielen Sie ein kleines „Mini-Theater" im Stuhlkreis: Geben Sie einen kleinen, griffigen Ball durch die Runde und bitten Sie die Teilnehmer*innen der Reihe nach, eine bestimmte Emotion auszudrücken, z. B. fröhlich, verliebt, glücklich, aufgeregt oder betrübt. Für jede Runde wird ein neues Gefühl gewählt, das die Teilnehmer*innen durch Mimik ausdrücken.

Schonkost für Paul

Mit den Zähnen beißt Dorothea den Faden ab. Fertig! Seit bei ihrer Nähmaschine das Fußpedal klemmt, muss sie alles mit der Hand nähen. Das dauert natürlich etwas länger. Aber Dorothea macht das nichts aus. Sie ist mit Nadel und Faden sehr geschickt. Darum hat sie Pauls Hose auch in null Komma nichts enger gemacht. Sie hebt die Manchesterhose in die Luft und schüttelt sie aus.

„Paul, schlüpf mal rein!“, ruft sie in Richtung Küche.

Sie hört, wie die Zeitung raschelt. Paul murmelt etwas, was sie nicht verstehen kann. Wahrscheinlich mault er, weil er beim Zeitunglesen gestört wird.

Wenige Augenblicke später taucht Paul neben Dorothea im Flur auf, wo ihr Nähplatz ist. Dorothea hält ihrem Mann die Hose hin.

„Jetzt müsste sie wieder passen“, sagt sie.

Paul zieht sich fix aus und schlüpft in das geänderte Beinkleid.

„Passt, wackelt und hat Luft“, sagt er und wackelt mit dem Po.

Dorothea grinst und murmelt: „Du Kindskopf.“

„Ich behalt die Hose gleich an. Wir müssen ja nachher noch zum Einkaufen“, sagt Paul.

Dorothea nickt, hört aber gar nicht richtig zu. Sie hat schon wieder Nadel und Faden und einen braunen Knopf in der Hand.

Nähen, Löcher stopfen und einkaufen: Zwei Stunden später ist alles erledigt. Zufrieden setzt Dorothea Wasser für einen Kaffee auf. Sie stellt den Filter auf die Kanne und nimmt zwei Tassen aus dem Küchenschrank. Während sie wartet, bis der Kessel pfeift, kommt Paul in die Küche geschlurft. Dorothea sieht ihn an und erschrickt.

„Was ist denn los? Du siehst so blass aus“, sagt sie besorgt.

„Ich weiß auch nicht. Ich hab seit zwei Stunden Bauchweh“, antwortet Paul und klingt wehleidig.

„Wo hast du denn Bauchweh?“, will Dorothea wissen.

Entgeistert sieht Paul sie an.

„Na, am Bauch. Wo denn sonst?“, antwortet er kopfschüttelnd. Dorothea seufzt.

„Ich meine doch, wo am Bauch. Mehr in der Leiste? Oder sind es Magenschmerzen?“, will sie wissen.

Paul deutet vage auf die rechte Seite. Dorothea legt die Stirn in Falten.

„Das könnte die Galle sein“, meint sie.

Anschließend stellt sie eine der beiden Tassen zurück in den Schrank.

„Dann gibt es für dich jetzt keinen Kaffee. Der ist nicht gut, wenn die Galle drückt.“

Dorothea überlegt. Eigentlich sollte es heute mal wieder „strammen Max“ geben. Aber das ist natürlich ausgeschlossen, wenn Paul Gallenprobleme hat.

„Ich mach dir Schonkost“, sagt sie.

„Was?“, ruft Paul. „Auf keinen Fall!“

Dorothea sieht ihren Mann mahnend an.

„Vielleicht geht es ja dann schnell vorüber. Kein Bier heute. Und keine Schokolade. Und jetzt mach ich dir gedünstetes Gemüse“, meint sie bestimmt.

„Ich soll auf mein Bier verzichten? Und auf ein Stückchen Schokolade auch?“, fragt Paul entsetzt.

„Bist du von allen guten Geistern verlassen?“

Dorothea will gerade etwas erwidern. Doch da zuckt Paul zusammen. Anscheinend hat er wirklich große Schmerzen.

„Hier sticht es“, sagt Paul und verzieht den Mund. Er drückt die Hand in die Seite. „Aua! Wenn ich drücke, wird es noch schlimmer.“

Dorothea legt den Kopf schief. Jetzt macht sie sich wirklich Sorgen.

„Für dich gibt es Schonkost. Keine Widerrede!“, sagt sie streng. Paul nickt ergeben.

Kurz darauf sitzt Paul auf der Eckbank, während Dorothea Gemüse schneidet und das Essen zubereitet.

„Riecht sehr gesund“, murmelt Paul.

„Ist es auch. Du willst schließlich bald wieder auf den Beinen sein“, sagt Dorothea.

Sie lässt sich von dem nörgelnden Unterton ihres Mannes nicht aus der Ruhe bringen. Eine halbe Stunde später stellt sie einen dampfenden Topf mit Gemüse auf den Tisch.

„Ich glaube, ich bekomme keinen Bissen runter", murmelt Paul, als Dorothea ihm das Essen auftut.

„Nichts da. Das wird jetzt gegessen", bestimmt sie.

Paul greift nach dem Löffel und schaufelt widerwillig Gemüse in den Mund. Dabei beugt er sich weit über den Tisch. Auf einmal zuckt er wieder zusammen.

„Aua! Jetzt sticht es wieder mehr!" Paul lässt seinen Löffel fallen.

„Oje, oje", seufzt Dorothea und sieht ihren Mann mit einem mitleidigen Blick an.

„Du legst dich jetzt ein bisschen hin", meint Dorothea.

„Schlafen ist die beste Medizin. Wenn es danach nicht besser ist, rufe ich Doktor Siebenstein an."

Paul steht bereitwillig auf und schlurft aus der Küche. Dorothea hört, wie die Schlafzimmertür aufgemacht wird. Schnell räumt sie den Tisch ab. Um den Abwasch wird sie sich später kümmern.

Jetzt muss sie erst noch nach Paul sehen. Sie findet ihn schlafend im Ehebett.

„Ja, schlaf dich gesund", murmelt Dorothea.

Das Hemd und die Hose hat Paul auf den Boden neben dem Bett fallen lassen. Dorothea greift nach dem Hemd und hängt es auf einen Kleiderbügel. Dann schnappt sie sich die Hose – und fährt zusammen. Etwas hat sie gestochen. Sie unterdrückt einen Schrei.

„Aua!", presst sie hinter zusammengebissenen Lippen leise hervor.

Dorothea sieht sich die Hose genauer an. Sie ahnt schon, was sie gleich finden wird. Und tatsächlich! Unter dem Bund glitzert es metallisch.

„Das darf doch nicht wahr sein", murmelt sie.

Paul wälzt sich im Bett herum. Dorothea wirft ihm einen kurzen Blick zu. Dann zieht sie die beiden Stecknadeln aus dem Stoff.

„Dass ich die einfach übersehen habe. So etwas, aber auch", flüstert sie zu sich selbst. Anschließend verlässt sie auf Zehenspitzen das Schlafzimmer. Sie ist sich sicher, dass Paul ohne Bauchschmerzen aufwachen wird. Und das Missgeschick mit den vergessenen Stecknadeln wird sie ihm besser nicht erzählen.

LASSEN SIE ERZÄHLEN

- *Können Sie nähen?*
- *Haben Sie früher Kleidung selbst genäht oder geändert?*
- *Hatten Sie eine Nähmaschine mit Fußpedal?*
- *Haben Sie früher auch Manchesterhosen getragen? Wie sieht diese Art Hose aus?*
- *Ist Ihnen im Haushalt schon einmal ein Missgeschick passiert?*
- *Gibt es ein Essen, das Sie ganz und gar nicht mögen?*

Es ist noch kein Meister vom Himmel gefallen

Klaus und Hermine haben gerade eine große Aufgabe: Sie bauen ein Haus. Der Rohbau steht schon. Der Dachstuhl ist letzte Woche aufgestellt worden. Jetzt muss das Dach nur noch gedeckt werden. Über den Winter kann das Mauerwerk dann austrocknen. Im Frühjahr soll es an den Einzug gehen.

„Schau, so möchte ich unser Wohnzimmer einrichten", sagt Hermine und deutet auf den Prospekt.

„Jetzt leg mal die Reklame weg. Das ist ja alles viel zu teuer “, brummt Klaus und schlüpft in seinen Blaumann.

„Aber schön ist es“, murmelt Hermine.

Verträumt mustert sie den Resopaltisch, die elegante Spiegelbar und die Polstergarnitur.

„Wir müssen unser Geld jetzt zusammenhalten. Das gilt auch für kleinere Ausgaben. Wer den Pfennig nicht ehrt, … ist des Talers nicht wert“, meint Klaus.

„Du immer mit deinen Sprüchen“, sagt Hermine und schüttelt den Kopf.

„Ich bin dann auf der Baustelle. Immerhin heißt es ja: Ohne Fleiß … kein Preis!“

Hermine sieht ihren Mann zweifelnd an. Er hat sich extra Urlaub genommen. Denn er hat gesagt, dass er sich selbst ums Dachdecken kümmern wird. Dafür will er keinen Dachdecker bezahlen. Aber gemacht hat Klaus als gelernter Postbeamter so etwas noch nie.

„Wenn du als Handwerker genau so gut wärst wie als Sprücheklopfer“, flüstert Hermine. Aber das hört Klaus glücklicherweise nicht mehr, denn er ist längst aus der Tür.

Hermine räumt den Frühstückstisch ab und erledigt ihre Hausarbeit. Zum Mittagessen schmiert sie Brote und packt einen Picknickkorb. Damit macht sie sich auf den Weg zu Klaus. Ihr neues Haus steht zwei Straßen weiter. Schon aus der Ferne kann Hermine Klappern und Rumoren hören. Dann ein Schrei: „Verflixt und ... zugenäht!"

Hermine legt die letzten Meter im Laufschritt zurück. Vor dem Rohbau bleibt sie stehen. Sie stellt den Korb ab und legt den Kopf in den Nacken. Hoch oben sieht sie Klaus über die Dachbalken klettern.

„Klappt es?", ruft sie.

Klaus sieht zu ihr nach unten.

„Ja, ja. Aller Anfang ... ist schwer. Aber langsam habe ich den Dreh raus."

Hermine begutachtet das bisherige Ergebnis. Nicht eine einzige Dachziegelreihe kann sie erkennen. Ihr Schwager Erwin, der Bruder von Klaus, könnte vielleicht mit anpacken. Der hat immerhin Ahnung davon, weil er Tischler ist.

„Soll ich schnell zu Erwin gehen und ihn bitten, mitzuhelfen?", schreit Hermine nach oben.

„Nein, lass mal. Viele Köche ... verderben den Brei", kommt prompt die Antwort von Klaus zurück.

Immerhin kann Hermine Klaus überreden, jetzt erst einmal eine Pause zu machen. Er klettert die Leiter nach unten. Beide setzen sich auf ein Mäuerchen aus übrig gebliebenen Ziegelsteinen. Als Tisch benutzen sie die Schubkarre.

„Ich muss mich beeilen. Nächste Woche soll es Regen geben", erklärt Klaus, während er kaut.

Hermine seufzt. Nach dem Essen lässt sie ihren Mann schließlich wieder walten. Auch wenn sie nur den Kopf über so viel Sturheit schütteln kann.

Hermine packt die Reste des Mittagsmahls in den Korb und schlendert nach Hause. Auf dem Weg begegnet ihr Frau Nierlich, die neue Nachbarin. Sie grüßen sich freundlich und wechseln ein paar Worte. Frau Nierlich bewundert Hermines Pullover, den sie selbst gestrickt hat.

„Das würde ich auch gerne können. Aber meine Finger spielen da einfach nicht mit", sagt Frau Nierlich.

Die beiden Frauen unterhalten sich noch über dies und das. Dann erzählt Frau Nierlich von ihrem Mann.

„Weil der Winter vor der Tür steht, hat mein Mann Jakob gerade keine Arbeit. Er ist Dachdecker. Der muss jetzt über den Winter stempeln gehen."

„Na, so ein Zufall!", ruft Hermine und hat eine Idee.

Eine Stunde später taucht Hermine wieder beim Rohbau ihres Häuschens auf. Diesmal aber ist sie nicht alleine.

„Klaus, komm doch mal runter!“, ruft sie in Richtung Dach.

Erstaunt schaut Klaus hinunter zu der kleinen Besuchergruppe auf seiner Baustelle. Hermine winkt ihm aufmunternd zu.

Als Klaus wieder festen Boden unter den Füßen hat, legt Hermine auch gleich los.

„Das ist Jakob Nierlich. Du weißt schon, unser neuer Nachbar. Und das ist seine Frau Beate“, stellt Hermine ihre beiden Begleiter vor.

„Jakob ist Dachdecker. Und er wird dir helfen“, fährt sie fort.

Klaus will schon protestieren. Aber Hermine lässt ihn nicht zu Wort kommen.

„Jakob meint, dass ihr zu zweit viel schneller seid. Und dass er gerade Zeit hat“, sagt Hermine und klingt so, als sei Widerrede zwecklos.

Trotzdem hat Klaus einen Einwand.

„Aber wir können nicht noch mehr Geld für Handwerker ausgeben“, flüstert er Hermine zu.

„Müssen wir auch gar nicht. Zumindest nicht besonders viel“, beschwichtigt Hermine ihren Mann.

„Ich werde für die ganze Familie Nierlich Winterpullover stricken. Dafür verlangt Jakob nur einen kleinen Lohn. Und das ist auf alle Fälle drin."

Jetzt ist Klaus sprachlos.

Dann ergreift der Dachdecker das Wort: „Lass dir mal von einem Fachmann unter die Arme greifen", sagt er. „Es ist noch kein Meister ... vom Himmel gefallen. Und außerdem: Jeder Topf ... findet seinen Deckel. Also, ich meine, jedes Haus sein Dach. Und bei Regenwetter gilt: Je eher ... desto besser."

Hermine muss grinsen.

„Da haben sich ja zwei Sprücheklopfer gefunden", murmelt sie.

Das hat Beate Nierlich gehört. Sie kichert und flüstert Hermine ins Ohr: „Stimmt. Aber jetzt lassen wir die beiden mal alleine. Damit sie vor lauter Sprücheklopfen auch irgendwann mit der Arbeit fertig werden."

Hermine lacht. Die beiden Frauen winken den Männern zu und machen sich zufrieden auf den Nachhauseweg.

LASSEN SIE ERZÄHLEN

- *Haben Sie schon einmal ein Haus gebaut?*
- *Welche handwerklichen Tätigkeiten haben Sie früher im Haus selbst erledigt?*
- *Konnten Sie schon einmal einen sturen Menschen überzeugen, Hilfe anzunehmen?*
- *Wo haben Sie früher Hilfe und Dienstleistungen unter Nachbarn und Nachbarinnen oder Bekannten ausgetauscht?*

WAS SIE NOCH TUN KÖNNEN

Sammeln Sie mit den Teilnehmer*innen verschiedene Sprichwörter und sprechen Sie mit ihnen über deren Bedeutung. Es bietet sich zudem an, beim Vorlesen der Geschichte jeweils nur den ersten Teil eines Sprichworts vorzugeben und den zweiten von den Zuhörenden selbst ergänzen zu lassen. (Zum besseren Erkennen der im Text enthaltenen Sprichwörter wurden die beiden Teile jeweils durch drei Punkte voneinander getrennt.)

KARL LANDET EINEN TREFFER

Einmal im Jahr kommt Tante Olga zu Besuch. Johanna ist dann immer sehr aufgeregt. Sie bäckt, kocht und putzt vorher tagelang. Ihr Mann Bertram findet das übertrieben. Vor allem, weil es vor diesen Besuchen um das Nervenkostüm seiner Frau nicht gut bestellt ist. Am Tag des Besuchs ist sie dann das reine Nervenbündel. Sogar die Kinder Karl und Anni bekommen das zu spüren. Darum verziehen sie sich vor dem Besuch der Tante lieber schnell mit dem Ball nach draußen in den Hinterhof.

„Jetzt mach doch nicht so einen Wirbel. Tante Olga wird bestimmt nicht alle Staubflocken zählen", versucht Bertram, seine Frau zu beruhigen.

„Hast du eine Ahnung. Schon als ich ein Kind war, hatte sie an mir ständig etwas auszusetzen. Entweder saßen meine Zöpfe nicht stramm genug. Oder sie fand einen Fleck auf meinem Faltenrock. So etwas möchte ich mir als erwachsene Frau nicht länger anhören", zischt Johanna.

Bertram seufzt. Er geht seiner Frau jetzt besser auch aus dem Weg.

Bertram entscheidet sich, an die frische Luft zu gehen. Er sieht den Kindern eine Weile beim Ballspielen zu. Irgendwann schaut er auf seine Armbanduhr.

„Kommt, wir müssen hoch. Tante Olga wird jeden Moment kommen", unterbricht er schließlich das Spiel der Kinder.

Karl klemmt sich den Ball unter den Arm. Anni rennt schon los. Kaum betreten Bertram und die Kinder die Küche, schellt es auch schon. Johanna eilt zur Tür.

„Tante Olga! Schön, dass du da bist“, hört Bertram seine Frau im Flur sagen.

Bertram wirft seinen Kindern einen vielsagenden Blick zu. Die stellen sich artig nebeneinander vor dem Küchentisch auf. Als Tante Olga den Raum betritt, lächeln die zwei ihre Großtante freundlich an.

„Was seid ihr wieder groß geworden!“, ruft Tante Olga aus und kneift erst Karl und dann Anni fest in die Wangen.

Anschließend tritt sie vor Bertram, greift nach seiner Hand und mustert seine Fingernägel.

„Schön, schön“, sagt sie.

Anscheinend hat Bertram die Prüfung bestanden und Tante Olga hat nichts auszusetzen.

„Ich habe euch etwas mitgebracht“, wendet sich die Tante an Johanna, die noch im Türrahmen steht.

Sie zieht ein in Packpapier eingewickeltes Ding aus ihrer Tasche und reicht es ihrer Nichte.

„Aber Tante Olga, das wäre doch nicht nötig gewesen!“, ruft Johanna und klingt dabei irgendwie gekünstelt.

Tante Olga wedelt ungeduldig mit der Hand.

„Jetzt pack schon aus“, sagt sie streng.

Johanna zuckt leicht zusammen. Umständlich löst sie den Knoten der Paketschnur. Einen Augenblick später hält sie eine Porzellanvase in der Hand. Sie ist gelb und bauchig. Bemalt ist sie mit einem Zickzackmuster in Orange und Blau. Johanna stellt sich neben Bertram und zeigt ihm die Vase.

„Oh Gott, ist die hässlich", entfährt es Bertram.

Johanna gibt ihrem Mann einen Stoß in die Rippen und wirft ihm einen finsteren Blick zu.

„Ich meine, vielen Dank, Tante Olga. Dann können wir ja unsere hässlichen Vasen wegstellen. Jetzt, wo wir so eine schöne von dir bekommen haben", verbessert Bertram sich schnell.

„Wirklich wunderschön", fügt Johanna noch an.

Bertram sieht aus den Augenwinkeln, wie sich seine Kinder ein Lachen verkneifen.

Johanna stellt die Vase auf das niedrige Beistelltischchen neben die Eckbank. Bertram mustert das schreckliche Ding mit zusammengekniffenen Augen. Seinen Kindern scheint die Vase auch nicht zu gefallen. Karl, immer noch mit dem Ball unter dem Arm, flüstert seiner Schwester etwas ins Ohr. Anni kichert hinter vorgehaltener Hand.

„Lasst uns Kuchen essen. Ich habe extra einen Frankfurter Kranz gebacken. Den magst du doch so gerne, Tante Olga", sagt Johanna und bittet alle zu Tisch.

Plötzlich hat Bertram eine Idee.

„Moment. Ich gehe mit den Kindern noch Hände waschen", sagt er schnell und winkt die beiden zu sich.

„So, jetzt kann es losgehen", sagt Bertram, als er wenig später wieder die Küche betritt. Hinter ihm kommt Anni. Bertram zwinkert ihr verstohlen zu. Dann setzen sich die beiden an den Tisch.

„Wo bleibt denn Karl?", fragt Tante Olga streng.

„Komme schon!", ruft Karl aus dem Flur.

Zwei klatschende Laute sind zu hören. Es klingt, als würde ein Ball auf dem Boden auftreffen. Plötzlich fliegt etwas Rundes etwa einen halben Meter über dem Boden durch die Küche. Karl rennt dem fliegenden Ding hinterher. Da klirrt es auch schon. Das Vasenungetüm ist vom Beistelltisch gefallen. Und auf dem Boden in tausend Scherben zerschellt. Daneben liegt Karls Ball.

„Du lieber Himmel!", schreit Johanna.

„Du Lausebengel! Schau nur, was du angerichtet hast", kreischt Tante Olga.

„Ich hol schnell eine Kehrschaufel und einen Besen“, schlägt Anni artig vor.

Und schon ist sie aus der Küche in den Flur gelaufen, wo der Besenschrank steht.

Bertram steht auf und wendet sich mit erhobenem Zeigefinger an seinen Sohn.

„Karl, ich hab dir schon hundert Mal gesagt, dass du in der Wohnung nicht Ballspielen sollst“, weist er ihn zurecht.

Karl hat seine Schultern bis zu den Ohren hochgezogen.

„Komm mit“, sagt Bertram zu ihm in strengem Ton.

Während Karl aus der Küche trottet, dreht sich Bertram zu den Frauen um.

„Ich werde Karl jetzt die Leviten lesen“, sagt er.

Dann folgt er seinem Sohn.

Bertram schließt die Küchentür hinter sich, als er im Flur steht. Dort warten Anni und Karl auf ihn.

„Du bekommst zwei Tage Hausarrest!“, brüllt Bertram so laut, dass es in der Küche zu hören ist.

Karl und Anni beeindruckt das Geschrei kein bisschen. Im Gegenteil. Die beiden grinsen. Bertram zieht lächelnd seine Geldbörse aus der Hemdtasche.

„Hier habt ihr die versprochenen zehn Pfennig", sagt er und reicht den Kindern eine Münze.

„Aber für jeden!", fordert Karl.

„Genau", pflichtet ihm seine Schwester bei.

Bertram zuckt mit den Schultern.

„Na, gut", meint er und holt noch eine Münze aus der Börse.

Das alles ist Bertram auf alle Fälle 20 Pfennig wert! Das hässliche Mitbringsel ist kaputt. Tante Olga hat es mit eigenen Augen gesehen. Also wird sie beim nächsten Besuch nicht danach fragen. Und niemand muss sich eine Ausrede überlegen, warum die Vase nicht an Ort und Stelle steht.

„Aber das Ganze bleibt unter uns", beschwört Bertram seine Kinder.

„Klar, Papa", sagt Anni und Karl nickt.

Gerade als die drei im Gänsemarsch wieder die Küche betreten, beugt sich Tante Olga zu Johanna. Sie legt ihr eine Hand auf den Arm und raunt ihr zu:

„Mach dir nichts draus, meine Liebe. Ich habe die gleiche Vase 2-mal gekauft. Eigentlich war die andere für meine Freundin Konstanze. Aber jetzt werde ich sie beim nächsten Mal natürlich euch mitbringen."

LASSEN SIE ERZÄHLEN

- *Haben Sie schon einmal etwas geschenkt bekommen, das Ihnen nicht gefallen hat? Wie haben Sie reagiert?*
- *Wer kam früher zu Ihnen zu Besuch?*
- *Welche Leckereien gab es früher bei Ihnen, wenn Besuch kam?*
- *Mussten Sie sich auch schon einmal für einen Besuch verbiegen?*
- *Haben Sie früher auch Streiche ausgeheckt?*

NATÜRLICH IST GERHARD ORDENTLICH!

Es poltert, als Erika die Tür der Kommode im Flur öffnet. Ein Schuhlöffel und der Schuhspanner sind herausgefallen und liegen auf dem Boden. Erika wirft einen Blick auf den verbliebenen Inhalt des Schränkchens. Dann räumt sie seufzend Schuhlöffel und Spanner zurück in die Kommode. Gerhard kommt aus dem Badezimmer und beobachtet neugierig das Treiben seiner Frau.

„Suchst du etwas?“, will er wissen.

„Ich kann meine Handschuhe nirgendwo finden“, sagt Erika und klingt resigniert.

Gerhard lacht auf.

„Kein Wunder. Du bist einfach viel zu unordentlich“, sagt er und schlängelt sich an Erika vorbei zur Wohnungstür.

„He! Ich bin ganz und gar nicht unordentlich!“, ruft Erika.

„Nimm dir ein Beispiel an mir. Ich weiß, wo ich was finde. Ich halte schließlich Ordnung“, sagt Gerhard und schlüpft in seine Jacke.

Erika richtet sich auf und holt Luft. Doch bevor sie noch etwas erwidern kann, ist Gerhard schon durch die Wohnungstür nach draußen verschwunden.

„Von wegen: Du hältst Ordnung und ich nicht“, zetert Erika ärgerlich.

Sie sieht sich im Flur um. Alles hängt und liegt an der richtigen Stelle. Ihr Blick bleibt an ihrem Lodenmantel hängen. Erika schlägt sich an die Stirn.

„Genau. Da sind die Handschuhe.“

Sie greift in die Manteltasche. Und tatsächlich zieht sie ihre schwarzen Lederhandschuhe heraus. Erika ist zwar froh, dass ihre Handschuhe wieder aufgetaucht sind. Aber der Kommentar von Gerhard liegt ihr quer im Magen.

„Ich sollte ihm einmal eine Lektion erteilen", beschließt sie deshalb. Die Bügelwäsche, die sie machen wollte, muss warten. Erika setzt sich an den Küchentisch und beginnt, einen Plan auszuhecken.

Wie könnte sie Gerhard am besten aufs Korn nehmen? Erika geht den Morgen noch einmal in Gedanken durch. Da fällt ihr ein, was sie alles bei ihrem Blick in die Flurkommode entdeckt hat. Da war etwas, was da ganz und gar nicht hingehört! Erika steht auf und öffnet noch einmal die Kommodentür. Richtig! Hinter den Winterstiefeln liegt ein schwarzes, längliches Ding. Gerhards Luftpumpe!

„Daraus lässt sich bestimmt etwas machen", murmelt Erika.

Und sie weiß auch schon was.

„Gerhard wird heute wohl nicht mit dem Fahrrad zu seinem Skatabend fahren können. Außer er weiß, wo seine Luftpumpe ist", sagt sie und grinst.

Eilig streift Erika sich ihren Mantel über und schlüpft in ihre Schuhe. Sie geht hinaus in den Fahrradschuppen. Obwohl es dunkel ist, findet sie das Ventil von Gerhards Fahrrad auf Anhieb. Mit ein paar Handgriffen hat sie alles erledigt. Gerhard wird heute Abend sein blaues Wunder – oder besser gesagt: sein Unordnungs-Wunder – erleben!

Gut gelaunt geht Erika zurück in die Wohnung, um endlich ihre Hausarbeit zu erledigen.

„Bin zu Hause", ruft Gerhard, als er um fünf die Wohnung betritt.

„Ich hab dir eine Stulle geschmiert", begrüßt ihn Erika aus der Küche.

Gerhard kommt herein, setzt sich auf die Stuhlkante und nickt dankbar. Er zieht den Teller heran und schlingt sein Brot in wenigen Bissen herunter. Dann steht er auf und wischt sich ein paar Krümel aus den Mundwinkeln.

„Der Skatabend kann heute länger dauern", sagt er und gibt Erika einen Kuss.

„Viel Spaß!", ruft sie ihm nach, als er die Wohnung verlässt.

Erika sieht auf die Uhr. Es dauert keine fünf Minuten, bis sie Gerhards Schlüssel wieder im Schloss der Wohnungstür hört.

Erika lehnt mit verschränkten Armen am Türstock der Küche.

„Hast du etwas vergessen?", fragt sie, als Gerhard eintritt. Sie klingt erstaunt. Dabei weiß sie ganz genau, was los ist.

Gerhard geht an Erika vorbei und streckt sich. Er wirft einen Blick auf die Hutablage.

„So ein Mist. Ausgerechnet heute muss mein Fahrrad einen Platten haben", murmelt er vor sich hin.

„Dein Fahrradreifen ist platt?", fragt Erika scheinheilig. „Dann musst du ihn wieder aufpumpen."

Gerhard fährt herum und schaut seine Frau ärgerlich an.

„Das habe ich auch vor. Ich brauche dazu aber meine Luftpumpe."

„Die musst du ja nur dort holen, wo du sie hingelegt hast. Schließlich bist du ein ordentlicher Mensch", meint Erika und kann sich ein Grinsen nicht verkneifen.

„Oder du schickst ein Stoßgebet zum heiligen Antonius. Damit er dir beim Suchen hilft."

Gerhard sucht überall: hinter der Stehlampe im Flur, neben dem Schirmständer und unter dem Telefontischchen. Sogar das Telefonbuch hebt er an, um darunter nachzusehen.

Nach drei Minuten beschließt Erika, Gerhard zu erlösen. Sie stellt sich vor die Kommode.

„Wenn du zugibst, dass du keineswegs ordentlich bist, gebe ich dir einen Tipp“, sagt sie.

Gerhard sieht Erika mit großen Augen an.

„Na los, gib es schon zu“, fordert Erika ihn schmunzelnd auf.

„Du weißt, wo die Luftpumpe ist?“, fragt er verblüfft.

Erika nickt. Gerhard gibt sich geschlagen.

„Ja, ich gebe zu, dass ich ziemlich unordentlich bin“, sagt er leise.

Erika lacht. Dann öffnet sie die Kommodentür und angelt die Luftpumpe hinter den Winterstiefeln hervor.

„Es tut mir wirklich leid, dass ich heute Morgen so ungerecht zu dir war“, meint Gerhard, als er die Pumpe entgegennimmt.

„Aber komisch ist das schon, dass ausgerechnet heute Abend mein Fahrrad einen Plattfuß hat und du sofort weißt, wo ich die Luftpumpe hingeräumt habe“, sagt er und klingt dabei skeptisch.

„Ja, Zufälle gibt es“, lacht Erika. Sonst sagt sie nichts.

LASSEN SIE ERZÄHLEN

- *Haben Sie schon einmal etwas verlegt? Wo tauchte es wieder auf?*
- *Sind Sie ein ordentlicher Mensch?*
- *Stört Sie Unordnung?*
- *Kennen Sie den heiligen Antonius oder andere Schutzheilige?*
- *Zu welchem Schutzpatron haben Sie schon einmal gebetet?*
- *Haben Sie schon einmal jemandem eine Lektion erteilt?*

FRÄULEIN FISCHER SUCHT DEN FAHRSCHEIN

Gerlinde Fischer ist aufgeregt. Heute fährt sie zum ersten Mal in ihrem Leben mit der Eisenbahn. Sie soll sich bei ihrem Onkel vorstellen, der eine Firma im Rheinland hat. Und dort sucht er eine Sekretärin. Gerlinde war noch nie so weit von zu Hause entfernt. Sie wird stundenlang unterwegs sein.

Der Beamte am Schalter hat ihr die Fahrzeiten genau notiert. Jetzt steht Gerlinde am Bahnsteig und wartet darauf, dass der Zug einfährt. Vorsichtshalber überprüft sie noch einmal, ob sie alles dabeihat. In ihrer Handtasche ist ein frisch gewaschenes und gebügeltes Taschentuch. Das Portemonnaie ist auch da. Und der Zettel mit der Beschreibung, wie sie später vom Bahnhof zur Firma des Onkels gelangt.

Gerlinde zuckt zusammen, als eine laute Glocke ertönt. Die Schranke beim Bahnübergang wird heruntergelassen und der Zug fährt ein. Gerlinde atmet tief durch. Jetzt geht es los!

Wenige Minuten später sitzt Gerlinde im Zugabteil. Sie lehnt sich erleichtert zurück. Gerlinde hört, wie der Schaffner pfeift. Der Zug setzt sich ruckelnd in Bewegung. Mit einem scharrenden Geräusch wird die Tür des Zugabteils aufgeschoben. Ein junger Mann stolpert atemlos herein. Er nickt Gerlinde zu und nimmt ihr gegenüber Platz.

Gerlinde sieht ihren Mitfahrer verstohlen an. Adrett sieht er aus. Er ist etwa in ihrem Alter. Seine Hose hat messerscharfe Bügelfalten. Dazu trägt er ein gut sitzendes Hemd. Am Ende der Ärmel seines Jacketts blitzen goldene Manschettenknöpfe hervor. Seine dunklen Haare sind akkurat gescheitelt.

Die Augen des jungen Mannes begegnen Gerlinde, während sie ihn mustert. Verlegen senkt sie ihren Blick. Schnell öffnet sie ihre Handtasche und tut, als würde sie etwas suchen.

„Darf ich mich vorstellen?“, spricht ihr Gegenüber sie an.

Gerlinde sieht wieder hoch. Der Mann hat seine Hand ausgestreckt und lächelt.

„Franz Weber. Ich bin auf dem Weg nach Köln“, erklärt der Mann.

„Da will ich auch hin“, sagt sie und stellt sich vor.

„Sehr erfreut, Fräulein Fischer“, sagt Franz Weber.

„Bin ich froh, dass ich den Zug noch erwischt habe. Ich habe auf einen Freund gewartet. Aber der ist nicht gekommen. Darum bin ich erst in letzter Sekunde eingestiegen.“

Gerlinde nickt freundlich. Dann schweigen beide wieder.

Aus dem Fenster des Zugabteils sieht Gerlinde die Landschaft vorbeifliegen. Das Ruckeln des Zuges lässt sie schläfrig werden. Aber sie zwingt sich, wach zu bleiben. Schließlich will sie auf keinen Fall verpassen, wenn sie umsteigen muss.

Ganz in Gedanken versunken, merkt sie gar nicht, dass die Abteiltür geöffnet wird. Plötzlich spricht jemand.

„Die Fahrscheine, bitte!"

Franz Weber hat seinen Fahrschein schon parat und lässt ihn vom Schaffner abstempeln. Nun steht der Schaffner vor Gerlinde.

„Ach so. Ja, natürlich", stottert sie und öffnet ihre Handtasche.

Gerlinde schiebt Taschentuch und Portemonnaie beiseite. Den Fahrschein kann sie nicht entdecken.

„Wo ist er denn?", murmelt sie.

Hektisch wühlt sie weiter in ihrer Tasche. Das darf doch nicht wahr sein!

„Ich hab ihn doch eingesteckt. Ich bin ganz sicher!", stöhnt Gerlinde.

Der Schaffner beugt sich zu ihr herunter.

„Haben Sie Ihren Fahrschein endlich gefunden?", fragt er ungeduldig.

Das macht Gerlinde noch nervöser. Sie merkt, wie ihre Hände feucht werden. Noch einmal kontrolliert sie den Inhalt ihrer Handtasche. Aber das ändert nichts. Ihr Fahrschein ist verschwunden!

„Wie heißen Sie denn, junges Fräulein?“, fragt der Schaffner schroff.

„Ich werde mir jetzt Ihre Angaben notieren. Wenn Sie keinen Fahrschein haben, muss ich das melden. Und im nächsten Bahnhof müssen Sie den Zug verlassen.“

„Was?“, ruft Gerlinde erschrocken.

„Ihren Namen!“, fordert der Schaffner erneut und zieht Block und Stift aus seiner Uniformtasche.

„Fischer. Gerlinde Fischer“, antwortet Gerlinde eingeschüchtert.

Franz Weber ihr gegenüber räuspert sich laut.

„Das sieht nicht gut aus, Fräulein Fischer“, brummt der Schaffner, während er sich Notizen macht.

Plötzlich springt Franz Weber auf.

„Moment, bitte“, wendet er sich an den Schaffner.

Verblüfft sieht Gerlinde ihren Mitfahrer an. Was will er denn? Weber öffnet noch einmal die Innentasche seines Jacketts, aus der er eben seinen Fahrschein geholt hatte. Der Schaffner lässt den Stift sinken und dreht sich zu ihm.

„Ich habe den Fahrschein von Fräulein Fischer“, sagt Franz Weber schnell.

„Was?", entfährt es Gerlinde.

„Aber ...", versucht sie, Weber zu unterbrechen.

Doch der legt einen Finger an seine Lippen und zwinkert ihr zu. Gerlinde schweigt verblüfft.

„Und das fällt Ihnen erst jetzt ein?", meckert der Schaffner.

Der junge Mann zuckt entschuldigend die Schultern. „Ich war so in Gedanken, dass ich gar nicht mitbekommen habe, was los ist", erklärt er prompt.

„Dann will ich Ihnen das mal glauben", murrt der Schaffner. Er nimmt den Fahrschein entgegen und wirft einen prüfenden Blick erst auf Herrn Weber, dann auf Gerlinde. Schließlich nickt er und knipst den Fahrschein mit seiner Zange ab.

„Aber das war doch gelogen", flüstert Gerlinde, kaum dass der Schaffner ihr Abteil wieder verlassen hat. Franz Weber grinst.

„Wieso haben Sie überhaupt zwei Fahrscheine?", will Gerlinde wissen.

„Ich habe Ihnen doch erzählt, dass ich eigentlich mit einem Freund fahren wollte. Und ich hatte unsere beiden Fahrscheine. Weil er nicht gekommen ist, war sein Fahrschein übrig", erklärt Franz Weber.

Gerlinde schüttelt ungläubig den Kopf. So ein Zufall!

„Erst habe ich mich geärgert. Weil ich dachte, das Geld für den zweiten Fahrschein wäre zum Fenster rausgeschmissen. Aber jetzt hat es sich ja gelohnt. Also, dass ich eine Fahrkarte übrig hatte, meine ich."

Franz Weber verschränkt seine Arme und lehnt sich zufrieden zurück.

„Dann muss ich mich bei Ihnen ganz herzlich bedanken. Ich weiß gar nicht, wie ich das wiedergutmachen kann", meint Gerlinde erleichtert.

„Ich wüsste da schon etwas. Würden Sie mit mir einen Kaffee trinken? Wenn wir in Köln angekommen sind", schlägt Franz Weber vor.

Das kann Gerlinde jetzt auf keinen Fall ausschlagen. Immerhin hat dieser junge Mann sie gerettet. Gerlinde lächelt und nickt zustimmend.

„Ich nehme Ihre Einladung gerne an", sagt sie.

Das ist das Mindeste, wie sie sich bei ihrem Retter revanchieren kann.

„Bei meinem gutaussehenden Retter", ergänzt sie in Gedanken. Ihr ist mit einem Mal ganz heiß. Sie ist schrecklich aufgeregt. Und das liegt jetzt nicht mehr an der Zugfahrt.

LASSEN SIE ERZÄHLEN

- *Erinnern Sie sich noch an Ihre erste Zugfahrt?*
- *Wohin sind Sie früher mit der Bahn gefahren?*
- *An welche Geräusche beim Zugfahren erinnern Sie sich noch?*
- *Was sollte man bei einer Zugfahrt alles dabeihaben?*
- *Hat Ihnen schon einmal jemand aus der Patsche geholfen?*

WAS SIE NOCH TUN KÖNNEN

Machen Sie mit Ihren Teilnehmer*innen eine kleine Sitzgymnastik. Erzählen Sie von einer Zugfahrt. Zuerst gibt der*die Schaffner*in ein Zeichen zum Losfahren. Alle Senior*innen heben ihren rechten Arm. Wenn der Zug anfährt, ruckelt es. Alle lassen ihre Oberkörper hin und her pendeln. Die Zurückbleibenden am Gleis winken dem Zug nach. Dazu winken alle Teilnehmer*innen. Jetzt kommt der*die Schaffner*in und knipst die Fahrkarten ab. Die Senior*innen klatschen in die Hände. Schließlich ist die Fahrt zu Ende. Alle erheben sich und recken und strecken sich.

Ein Festmahl zur Familienfeier

Morgen ist Sonntag. Da wird die ganze Verwandtschaft kommen. Denn morgen ist bei Ilse und Max Familientreffen. Die beiden sind erst seit einem Jahr verheiratet und es ist das erste Mal, dass sich alle bei ihnen treffen. Ilse hat sich dafür ein ganz besonderes Festessen überlegt: Es gibt Sauerbraten mit Klößen. Sie hat dafür schon einen Sud aus Zwiebeln, Lorbeerblättern, Nelken, Pfeffer und Piment vorbereitet.

Darin wird das schöne Stück Rindfleisch jetzt eingelegt und muss über Nacht ziehen.

„So, Schluss für heute", sagt Ilse und nimmt ihre Schürze ab.

Max kommt in die Küche und schnuppert.

„Da gibt es noch nichts zu riechen", lacht Ilse.

„Wann kommen denn morgen alle?", will Max wissen.

„Sigbert und Renate machen sich auf den Weg, wenn sie mit der Stallarbeit fertig sind. Und Albert und Edda wollten mit den Kindern um elf Uhr da sein", meint Ilse.

„Dann werden wir unseren Geschwistern vom Land morgen mal das Stadtleben schmackhaft machen", schmunzelt Max.

Am nächsten Tag ist Ilse schon früh auf den Beinen. Immerhin muss der Sauerbraten lange schmoren. Und das Essen soll ja pünktlich auf dem Tisch sein. Ilse klappert schon mit den Töpfen, als Max in die Küche schlurft.

„Soll ich dir etwas helfen?", fragt er gähnend.

„Lieber nicht", meint Ilse. „Am meisten hilfst du mir, wenn du nicht im Weg herumstehst."

Sanft, aber bestimmt schiebt Ilse ihren Mann aus der Küche. Dann macht sie sich ans Kartoffelschälen.

„Donnerwetter, jetzt riecht's aber fein hier", lobt Max, als er den Kopf kurz durch den Türspalt steckt.

„Kann ich schon mal kosten?"

Ilse wedelt mit dem Küchenhandtuch.

„Nichts da. Raus hier!", lacht sie.

Ilse merkt gar nicht, wie die Zeit vergeht. Plötzlich steht Max in der Küche und ist ganz aufgeregt.

„Ilse, du musst schnell runter zu Frau Reiser. Ihr Mann war gerade hier", sagt er.

„Was ist denn passiert?", will Ilse wissen.

„Anscheinend ist Frau Reiser gestürzt. Ich wäre auch runtergegangen. Aber sie hat ausdrücklich nach dir verlangt. Weil du dich als Krankenschwester besser auskennst", meint Max.

Ilse schaut kurz zum Backofen.

„Ich gehe schnell gucken. Du musst dich in der Zwischenzeit um den Sauerbraten kümmern. Immer abwechselnd Wasser und Rotwein zugießen!", informiert sie Max hastig.

Dann eilt sie aus der Küche.

Als Ilse ein Stockwerk tiefer ankommt, steht die Tür zur Nachbarwohnung offen.

„Frau Reiser?“, ruft sie, bevor sie eintritt. Ilse findet die Nachbarin im Wohnzimmer. Sie sitzt auf dem Sofa und hat eine Decke auf dem Schoß. Ihr Mann sitzt neben ihr und hält ihre Hand.

„Gut, dass Sie da sind, meine Liebe. Ich bin mir nicht sicher, ob mein Knöchel heil ist“, sagt die alte Dame.

Ilse geht in die Hocke und betastet den Fuß der Nachbarin. Er ist nicht geschwollen. Bewegen lässt er sich auch. Ilse schickt Herrn Reiser los, um vorsichtshalber etwas Eis zu holen und den Knöchel zu kühlen.

Als Frau Reiser Ilse bittet, noch ein bisschen zu bleiben, setzt sich Ilse seufzend auf die Sofakante. Und ärgert sich gleichzeitig, dass sie so schlecht Nein sagen kann. Eine geschlagene Stunde später schafft sie es endlich, sich zu verabschieden.

„Jetzt muss ich mich aber mit dem Essen beeilen“, murmelt sie, als sie zwei Stufen auf einmal nimmt.

Ilse öffnet die Wohnungstür. Kaum hat sie den Flur betreten, sieht sie es auch schon. Unter dem Türspalt der Küchentür drückt Qualm hervor. Erschrocken rennt Ilse los.

„Max, es brennt!“, ruft sie und reißt die Küchentür auf. Die ganze Küche ist ausgefüllt mit dichtem Rauch. Ilse hustet. Sofort sieht sie, wo der ganze Qualm herkommt.

„Der Sauerbraten!“, schreit sie und reißt die Backofentür auf.

Hektisch greift sie nach zwei Topflappen und zieht den Bräter aus dem Ofen. Dann schaltet sie den Backofen ab und öffnet das Fenster.

Gerade als etwas von dem Qualm abgezogen ist, kommt Max in die Küche.

„Was ist denn hier los?“, fragt er überrascht.

Wütend sieht Ilse ihn an.

„Das frag ich mich? Du solltest doch auf den Braten aufpassen und immer wieder Flüssigkeit aufgießen“, zischt sie.

Max sieht schuldbewusst zu Boden.

„Das hab ich ja auch gemacht“, murmelt er.

„Also mindestens ein Mal. Dann hab ich mich nur kurz aufs Sofa gelegt. Und dabei muss ich wohl eingeschlafen sein.“

Verzweifelt lässt sich Ilse auf einen Stuhl sinken. Sie hat ihr Gesicht in den Händen vergraben.

„Schau mal, der Qualm hat sich schon verzogen. Alles halb so wild“, versucht Max, seine Frau zu beruhigen.

Doch Ilse schüttelt seine Hand ab, die er ihr auf die Schultern gelegt hat.

Plötzlich wird es voll in der Küche.

„Hallo. Wir sind da. Die Tür war offen. Tante Ilse, Onkel Max!“, schnattern Stimmen durcheinander.

Ilse reibt sich übers Gesicht und lässt die Hände sinken. Sie ringt sich ein schiefes Lächeln ab.

„Schön, dass ihr da seid“, sagt sie mit belegter Stimme.

„Na, Freude hört sich anders an, Schwesterlein“, lacht Ilses Bruder Sigbert. Ilse zuckt mit den Schultern.

„Ich hab euch zum Essen eingeladen. Und jetzt kann ich euch nichts anbieten. Der Sauerbraten ist beim Teufel“, sagt sie und wirft Max einen giftigen Blick zu.

„Sprichst du von dem Stück Kohle?“, fragt Sigbert und deutet grinsend zum Bräter auf dem Herd.

Ilse nickt und beginnt, zu schniefen.

„Jetzt beruhige dich erst mal“, mischt sich Edda, Ilses Schwägerin, ein.

„Wie ich sehe, sind die Klöße schon fertig und müssen nur noch ins Wasser. Und schau, was wir mitgebracht haben. Hat Albert selbst gemacht.“

Edda zieht eine Schüssel mit Würsten aus ihrem Korb. „Ich hab auch noch was beizusteuern“, meint Sigberts Frau Renate.

„Hier. Selbst eingelegtes Gemüse.“

Renate stellt drei Weckgläser auf den Tisch.

„Soll ich Wasser auf den Herd stellen, damit wir die Würste warm machen können?“, schlägt Max vor.

Ilse atmet tief durch.

„Das mache ich lieber selbst. Zum Schluss verbrennt bei deinem Geschick auch noch das Wurstwasser“, meint sie und kann schon wieder ein bisschen grinsen.

„Ja, das war alles meine Schuld. Ilse hatte sich wirklich viel Mühe mit dem Braten gegeben. Sie wollte euch Landeiern zeigen, wie toll es bei uns in der Stadt ist, und hat sich ganz schön ins Zeug gelegt“, meint Max.

Ilses Bruder Sigbert lacht.

„Tja, gut, dass die Landeier jetzt da sind. Von unseren Leckereien vom Land werden sicher alle satt.“

LASSEN SIE ERZÄHLEN

- *Wo haben Sie früher gelebt? In der Stadt oder auf dem Land?*
- *Hatten Sie früher oft Verwandtenbesuch?*
- *Welchen Braten gab es bei Ihnen, wenn sich Besuch angekündigt hatte?*
- *Können Sie kochen?*
- *Welche Gewürze riechen Sie besonders gern?*
- *Ist Ihnen beim Kochen schon einmal etwas missglückt?*
- *Was ist Ihre Lieblingsspeise?*

Dietmar kennt die besten Witze

„Einen hab ich noch“, sagt Dietmar.

Katharina, seine Frau, verdreht hinter seinem Rücken die Augen. Sie liebt ihren Mann wirklich. Auch wenn er ein paar Macken hat. Aber es gibt etwas, das sie an ihm einfach nicht ausstehen kann: seine Begeisterung für Witze. Früher hatte sie seine Späße ja noch unterhaltsam gefunden. Aber mit den Jahren sind es doch immer die gleichen Witze, die

Dietmar erzählt. Und Katharina kann sie einfach nicht mehr hören.

Gerade ist Dietmars Freund Reinhard da. Deshalb legt Dietmar sich natürlich besonders ins Zeug und Katharina kann nichts dagegen machen. Dietmar wartet, bis Reinhard ihm seine volle Aufmerksamkeit schenkt. Dann legt er los.

„Weißt du eigentlich, warum man sagt, Ehen werden im Himmel geschlossen?" Reinhard macht ein nachdenkliches Gesicht und zuckt mit den Schultern. „Na, weil der Ehemann danach aus allen Wolken fällt!"

Reinhard lacht. Und Dietmar lacht noch lauter.

„Oder den", fügt Dietmar gleich noch an.

„Kommt Hans dreckig nach Hause. Sagt seine Mutter: ‚Du bist ein Ferkel!' – Darauf Hans erstaunt: ‚Wirklich?', und die Mutter nickt. ‚Komisch', meint Hans, ‚ein Ferkel ist doch das Kind von einer Sau!'"

Es dauert einen Moment, bis Reinhard den Witz verstanden hat. Dann stimmt er in das Lachen mit ein.

„Reinhard, musst du nicht langsam los?", fragt Katharina betont freundlich.

Reinhard wollte eigentlich nur die Bohrmaschine zurückbringen, die er sich ausgeliehen hatte. Aber jetzt sitzt er mit Dietmar schon seit zwei Stunden in der Küche vor einem Bier.

„Reinhard, was ist der Unterschied zwischen einem Sessel und einem Ameisenhaufen?“, fragt Dietmar gerade.

Reinhard kratzt sich am Kopf.

„Setz dich mal rein, dann merkst du es!“

Die beiden sehen sich an und prusten los. Reinhard wischt sich eine Lachträne aus den Augenwinkeln. Dann erhebt er sich.

„Katharina hat Recht. Ich sollte schon längst wieder zu Hause sein. Meine Frau wundert sich sicherlich bereits, wo ich so lange bleibe“, sagt er und wendet sich zum Gehen.

„Nur noch einen“, hält Dietmar ihn zurück.

„Es klingelt bei Müllers an der Tür. ‚Entschuldigung, kann ich mal bitte Ihre Frau sprechen?‘ – ‚Meinetwegen, wenn Sie glauben, dass Sie bei ihr zu Wort kommen!‘“

Reinhard wirft lachend seinen Kopf in den Nacken. Dann winkt er kurz und geht.

„Das war lustig, findest du nicht auch, Katharina?“, fragt Dietmar, als Reinhard gegangen ist.

Katharina will ihren Mann nicht kränken. Und streiten will sie auch nicht. Darum nickt sie nur matt. Aber irgendwie muss sie Dietmar doch durch die Blume zeigen können, wie anstrengend diese ständigen Witze sein können. Und plötzlich weiß sie auch, wie.

„Ich muss noch schnell zum Milchladen", sagt sie.

Dabei hat sie etwas ganz anderes vor. Aber das wird Dietmar früh genug erfahren.

Eine halbe Stunde später kommt Katharina zurück. Statt Milch und Butter hat sie Marlene mitgebracht. Ihre alte Freundin aus Kindertagen wohnt nur ein paar Straßen weiter. Sie arbeitet jetzt beim Radio, wo sie die Nachrichten spricht. Deshalb ist Marlene schon von Berufs wegen eine Quasselstrippe.

Katharina weiß, dass Dietmar Marlene nicht besonders gut leiden kann. Aber das ist ihr egal – und Marlene auch. Katharina hat Marlene in ihr Vorhaben eingeweiht. Und schon legen die beiden los.

„Schau mal, wen ich mitgebracht habe", ruft Katharina, als die beiden Frauen gut gelaunt die Wohnung betreten.

Dietmar kommt in den Flur. Beim Anblick von Marlene lächelt er gequält.

„Hallo, mein lieber Dietmar. Lange nicht gesehen", säuselt Marlene und wirft Dietmar eine Kusshand zu.

Katharina grinst verstohlen.

„Ich mach uns mal einen schönen Muckefuck", sagt sie und geht in die Küche.

Marlene und Dietmar folgen ihr.

„Dietmar, komm setz dich", sagt Marlene, als wäre sie diejenige, die hier zu Hause ist.

Dietmar brummt etwas, lässt sich dann aber auf einen Stuhl fallen.

„Ich sage euch: Sachen erlebt man in meinem Beruf", fängt Marlene gleich an, zu erzählen.

Drei Tassen mit dampfendem Inhalt stehen auf dem Tisch. Marlene ist so richtig in Fahrt.

„Apropos Kaffee! Meine Kollegin sagte neulich, wenn sie Kaffee trinkt, kann sie nicht schlafen. Und da mein ich so zu ihr: ‚Komisch, bei mir ist es genau andersrum. Wenn ich schlafe, kann ich keinen Kaffee trinken!'"

Marlene lacht schallend. Katharina kichert. Marlene hat noch mehr auf Lager.

„Das muss ich euch auch noch erzählen. Kürzlich sagt doch unsere Sekretärin zu unserem Techniker:

‚Ach, würden Sie bitte das Fenster schließen? Draußen ist es so furchtbar kalt!' Der Techniker macht es zu und sagt: ‚Warum nicht? Wenn Sie glauben, dass es draußen jetzt wärmer ist.'"

„Das ist ja wirklich lustig", kichert Katharina. „Findest du nicht auch, Dietmar?"

Dietmar sitzt zusammengesunken auf seinem Stuhl. Er ringt sich ein Lächeln ab und nickt.

„So, meine Lieben, ich muss dann mal wieder", verkündet Marlene, als ihre Tasse leer ist.

„Komm uns doch bald mal wieder besuchen", schlägt Katharina vor.

Sie bringt ihre alte Freundin zur Tür.

„Bloß nicht!", murmelt ihr Mann in der Küche.

„Du warst wunderbar. Ich glaube, es hat gewirkt", flüstert Katharina ihrer Freundin noch zu, während sie sich verabschiedet.

Als Katharina wieder in die Küche kommt, springt Dietmar von seinem Stuhl auf.

„Das war aber jetzt wirklich sehr anstrengend", sagt er.

„Was meinst du?", fragt Katharina und schaut ihren Mann unschuldig an.

„Na, diese ständige Witzeerzählerei. Ich konnte es kaum noch aushalten. Ich meine, Witze sind ja lustig. Aber ein Witz nach dem anderen?“, sagt Dietmar.

„Findest du?“, fragt Katharina nach. „Wo du doch selbst so gerne Witze erzählst. Am liebsten einen nach dem anderen.“

Dietmar sieht seine Frau nachdenklich an.

„Das muss sich ändern“, sagt er.

„Wenn ich das wieder tue, dann gibst du mir unter dem Tisch einen Tritt. Versprochen?“, schlägt er dann vor.

Katharina lacht.

„Versprochen. Mit dem allergrößten Vergnügen sogar.“

LASSEN SIE ERZÄHLEN

- *Mögen Sie Witze?*
- *Was ist Ihr Lieblingswitz?*
- *Kennen Sie eine Person, die gut Witze erzählen kann?*
- *Kennen Sie eine Person, die beim Radio oder beim Fernsehen arbeitet?*
- *Haben Sie schon einmal einen Menschen mit einem Trick zur Einsicht verholfen?*

SCHERBEN BRINGEN GLÜCK!

Die Hühnersuppe köchelt auf dem Herd. Elisabeth hebt den Deckel vom Topf und schnuppert. Köstlich! Ganz traditionell wird es die Suppe heute Abend geben. Für alle Gäste, die zu ihrem Polterabend vorbeikommen. Denn Morgen ist Elisabeths großer Tag: Morgen wird Rüdiger sie zum Altar führen.

Es klappert im Flur. Elisabeths Vater steckt den Kopf zur Tür herein.

„Ich habe die Kiste mit dem alten Porzellan schon mal bereitgestellt", sagt er und lächelt seine Tochter an. Seit Wochen schon sammelt er angeschlagene Teller, Tassen, Blumentöpfe und Fliesen aus der gesamten Nachbarschaft.

Elisabeth kommt auf ihren Vater zu und nimmt ihn fest in den Arm. Ein bisschen wehmütig ist sie schon, wenn sie daran denkt, dass sie ab morgen nicht mehr Papas kleine Tochter, sondern eine verheiratete Frau sein wird.

Gut, dass in diesem Augenblick ihr Bräutigam Rüdiger ankommt. So hat Elisabeth keine Zeit, sentimental zu werden.

„Ich habe schon unser erstes Hochzeitsgeschenk bekommen. Von meiner Cousine Leni. Steht im Flur", sagt Rüdiger zur Begrüßung.

„Aber das geht doch nicht. Ich meine, bringt das nicht Unglück?", fragt Elisabeth erschrocken.

Rüdiger lacht.

„Ach was. Das ist doch nur Aberglaube. Genau wie die Scherben beim Polterabend, die angeblich Glück bringen sollen."

Elisabeth legt ihren Kopf schief.

„Ich glaube aber daran. Also, mach du das gefälligst auch“, sagt sie.

Rüdiger legt seiner Elisabeth beschwichtigend einen Arm um die Schultern.

„Natürlich werde ich daran glauben. Wenn du das so willst. Schließlich kann ich meiner Braut doch keinen Wunsch abschlagen“, grinst er.

Während Rüdiger mit dem Brautvater vor dem Haus Bierbänke aufstellt, hat Elisabeth gerade noch Zeit, sich zurechtzumachen. Dann kommen die ersten Gäste und einige Neugierige aus der Nachbarschaft an.

„Auf das Brautpaar!“, ruft der alte Ludger, der sich wie immer das Freibier nicht entgehen lässt.

Mittlerweile sind an die 20 Leute vor Elisabeths Elternhaus versammelt. Alle lachen und unterhalten sich blendend. Elisabeth steht Arm in Arm mit Rüdiger am Rand und blickt sich zufrieden um.

„Wir sollten langsam das Porzellan zum Poltern holen“, schlägt Elisabeths Mutter vor.

„Das mach ich“, erklärt Ludger sich bereit.

„Steht im Flur in der Kiste“, sagt Elisabeths Vater.

Ludger verschwindet im Haus.

Elisabeth unterhält sich angeregt mit Frau Wiepoldt, der Nachbarin, als Ludger wieder aus dem Haus kommt. Sie sieht aus den Augenwinkeln, wie er einen Karton auf der Bank vor dem Haus abstellt.

„Jetzt geht es los! Kommt alle her! Jetzt werden Scherben gemacht! Damit das Brautpaar auch richtig viel Glück in der Ehe hat."

Elisabeth nickt Frau Wiepoldt zu und winkt Rüdiger zu sich. Sie will ihn jetzt natürlich an ihrer Seite haben. Ludger greift schon in die Kiste. Einige andere Gäste tun es ihm gleich. Der erste Teller wird auf den Boden geschleudert. Eine Kanne folgt. Es klirrt und scheppert. Plötzlich packt Elisabeth ihren Rüdiger am Arm.

„Aber das ist doch gar kein altes Geschirr", stellt sie erschrocken fest.

„Halt! Sofort aufhören!", schreit Elisabeth, lässt Rüdiger stehen und rennt auf Ludger zu.

Bevor er das nächste Porzellanstück zu Boden werfen kann, reißt sie ihm den Teller aus der Hand.

„Na, so was?", ruft Ludger.

„Wo hast du das her?", fragt Elisabeth und hält ihm den Teller hin.

„Na, aus dem Flur. So wie dein Vater gesagt hat", erklärt Ludger.

Dann legt er den Kopf schief.

„Ich hab mich nur etwas gewundert, dass die Kiste in Geschenkpapier eingewickelt war. Aber weil Porzellan drin war, hat das ja wohl alles seine Richtigkeit."

Jetzt steht auch Rüdiger vor Ludger.

„In Geschenkpapier eingewickelt?", wiederholt er.

In Elisabeth steigt eine Ahnung auf.

„Das Hochzeitsgeschenk deiner Cousine Leni. Du hast das Paket in den Flur gestellt, oder?", flüstert sie mit belegter Stimme.

Rüdiger schnappt nach Luft.

„Oh nein! So ein Mist!", murmelt er.

Da kommt Elisabeths Vater aus dem Haus. Er trägt eine Kiste, in der es verdächtig klappert.

„Da hat wohl jemand den falschen Karton geholt", sagt er und wirft Ludger einen ärgerlichen Blick zu.

Der schaut verlegen auf seine Schuhspitzen.

„War aber keine Absicht. Konnte ich ja nicht wissen, dass ihr so viel Porzellan rumstehen habt", stottert er.

„Ich pack das gute Geschirr jetzt schnell weg. Damit nicht noch mehr davon kaputtgeht", sagt Elisabeths Mutter und nimmt die Geschenkkiste an sich.

Elisabeth sieht sich die Bescherung genauer an.

„Nur ein Teller und eine Kanne sind zerdeppert. Alles andere ist noch heil“, sagt sie.

„Von wegen: ‚Scherben bringen Glück‘. Das ist der Beweis dafür, dass das nur Aberglaube ist“, meint Rüdiger.

Elisabeth atmet tief durch. Sie will sich ihren Polterabend auf keinen Fall verderben lassen.

„Wahrscheinlich waren der Teller und die Kanne das Tüpfelchen auf dem I. Ich meine, das Sahnehäubchen auf unserem Glück. Wir werden bestimmt die glücklichste Ehe überhaupt führen“, ist sich Elisabeth sicher.

„Und jetzt weitermachen. Aber bitte diesmal wirklich nur das alte Porzellan“, fordert sie die Gäste auf.

Rüdiger zieht seine Braut Elisabeth an sich. Dann küsst er sie leidenschaftlich.

„Du bist die beste und abergläubischste Frau, die sich ein Mann nur wünschen kann“, flüstert er ihr ins Ohr.

LASSEN SIE ERZÄHLEN

- Welche Hochzeit, bei der Sie zu Gast waren, ist Ihnen in besonderer Erinnerung geblieben?
- Welche Hochzeitsbräuche kennen Sie?
- Hatten Sie einen Polterabend?
- Sind Sie abergläubisch?
- Was bringt Ihrer Meinung nach Glück?
- Welchen Aberglauben kennen Sie?

HERR FRÖHLICH HÖRT AUF SEINE FRAUEN

Alfred Fröhlich macht seinem Namen alle Ehre. Denn in der Regel ist er gut gelaunt. Und er hat auch allen Grund dazu: Er hat eine gute Arbeit als Lehrer an einer Oberschule. Und er ist frisch verheiratet mit Gundula, die schon seine Sandkastenliebe war. Er und Gundula haben das Obergeschoss im Haus von Alfreds Eltern ausgebaut. Dort haben sie genug Platz und es lässt sich in der Wohnung wunderbar leben. Viele Gründe also, um fröhlich zu sein. Wenn da nicht die Rivalität zwischen Gundula und Alfreds Mutter Annegret wäre.

„Du musst zu mir halten. Ich bin immerhin deine Frau“, fordert Gundula, wenn es zu Auseinandersetzungen kommt.

„Ich bin schließlich deine Mutter“, ist das Argument von Annegret.

Alfred Fröhlich sitzt also immer wieder zwischen zwei Stühlen oder – besser gesagt – zwischen zwei Frauen.

Heute ist Alfred schon früh mit seinen Arbeiten fertig. Die Schulstunden für morgen sind vorbereitet. Die Klassenarbeit ist korrigiert. Alfred beschließt, dass er sich jetzt eine Pause verdient hat. Er breitet im Garten eine Decke aus und legt sich genüsslich in die Sonne. Die Ärmel seines Hemdes rollt er weit nach oben. Zufrieden schließt Alfred die Augen. Wie schön warm es jetzt im Sommer ist! Alfred merkt, wie er schläfrig wird. Er rekelt sich zufrieden und gibt der Müdigkeit schließlich einfach nach. Das Nächste, was er mitbekommt, ist ein Rütteln an seiner Schulter.

„Hallo! Alfred! Wach auf!“, sagt eine vertraute Stimme.

Erschrocken schlägt Alfred die Augen auf. Neben ihm im Gras kniet Gundula.

„Du kannst doch nicht in der prallen Sonne liegen und schlafen", sagt sie.

Alfred gähnt.

„Warum nicht? So ein Nickerchen am Nachmittag kann doch nicht schaden."

Langsam setzt Alfred sich auf.

„Schau nur! Deine Arme sind ganz verbrannt", meint Gundula.

Sie tippt Alfred auf einen Oberarm.

„Aua!" Alfred zuckt zusammen.

„Mein Junge!", mischt sich eine zweite Stimme aus der Ferne ein.

Alfred sieht, wie seine Mutter Annegret in den Garten gelaufen kommt. Aufgeregt beugt sie sich zu ihrem Sohn hinunter.

„Du lieber Himmel! Komm sofort ins Haus. Du hast einen schlimmen Sonnenbrand", zetert sie.

Bereitwillig erhebt sich Alfred von seiner Decke im Garten und folgt Gattin und Mutter nach drinnen.

„Da muss sofort Quark drauf!", kommandiert Annegret. Aber Gundula hat eine andere Idee.

„Ich verrühre Backpulver mit Wasser. Das hilft am besten gegen Sonnenbrand", sagt sie.

„Ach, was", schnaubt Annegret.

„Quark ist ein altes Hausmittel, das bei Verbrennungen hilft. Das hat dir schon oft gutgetan, nicht wahr, mein Junge?", lächelt sie und tätschelt fürsorglich Alfreds Wange.

Gundula packt ihren Mann am Arm.

„Vorsicht!", ruft er aus und zieht seinen verbrannten Arm zurück.

„Komm mit. Wir gehen nach oben in unsere Wohnung. Da verarzte ich dich mit Backpulver", zischt Gundula.

„Kommt gar nicht infrage!", ruft Annegret.

Alfred sieht von einer zur anderen.

„Quark!", sagt seine Mutter bestimmt.

„Backpulver!", kontert Gundula und stemmt ihre Arme in die Seiten.

„Stopp!", brüllt Alfred.

Erschrocken zucken die beiden Frauen zusammen. So haben sie ihren Alfred noch nie erlebt. Er ist doch sonst immer die Ruhe selbst. Aber jetzt braust Alfred auf.

„Hört ihr euch eigentlich zu? Ihr streitet schlimmer als die Sextaner an meiner Schule!“, ruft er.

„Geht es euch darum, dass mein Sonnenbrand wieder verheilt, oder darum, Recht zu haben?“, fragt er dann scharf.

„Aber ich will doch nur das Beste für dich, mein Junge“, sagte seine Mutter kleinlaut.

„Ich meine es doch nur gut“, murmelt seine Frau und knetet verlegen ihre Hände.

Alfred nickt.

„Ja, das glaube ich euch auch. Aber so geht das nicht. Was soll ich denn nun auf den Sonnenbrand schmieren?“, will er wissen.

„Quark!“ und „Backpulver!“ kommt es prompt gleichzeitig von Mutter und Ehefrau.

Alfred rauft sich die Haare und stöhnt auf.

Schließlich atmet er tief durch und strafft die Schultern – soweit das sein Sonnenbrand zulässt.

„Ich mache euch jetzt einen Vorschlag“, sagt er.

„Ich werde auf den einen Arm deinen Quark schmieren, Mutter.“

Seine Frau Gundula zieht scharf die Luft ein. Alfred dreht sich zu ihr.

„Und auf den anderen Arm streiche ich deine Backpulver-Mischung“, sagt Alfred.

„Seid ihr jetzt zufrieden?“, fragt er mit einer Stimme, die keinen Widerspruch zulässt.

Seine Mutter Annegret nickt knapp und macht sich auf den Weg zum Kühlschrank, um Quark zu holen. Gundula hingegen eilt nach oben, um Backpulver in Wasser anzurühren.

Kurz darauf liegt Alfred auf dem Sofa in seiner Wohnung. Die Arme hat er weit von sich gestreckt. Auf einem Arm glänzt weiß und cremig eine Quarkschicht. Der andere Arm ist feucht vom Backpulver-Wasser. Immer wieder steckt eine der beiden Frauen ihren Kopf durch die Tür und fragt: „Und? Wirkt es schon?“

Alfred nickt sowohl bei der Frage seiner Mutter als auch bei der seiner Frau. Sonst sagt er nichts. Er will um jeden Preis verhindern, dass der Streit zwischen den beiden Frauen wieder auflodert. Nachdem beide Behandlungen lange genug gewirkt haben, geht Alfred ins Badezimmer, um seine Arme abzuwaschen. Als er aus dem Bad tritt, warten Mutter und Gattin schon im Flur auf ihn.

„Es ist schon viel besser“, sagt er und streckt den beiden Frauen seine Arme hin.

Und tatsächlich ist die Rötung schon zurückgegangen. Und zwar auf beiden Seiten.

„Und schaut mal: Beide Hausmittel haben gewirkt. Gleich gut“, meint Alfred und lächelt Mutter und Ehefrau an.

Die beiden nicken. Doch Alfred hört genau, dass jede von ihnen „Aber meins war besser!“ flüstert.

Alfred seufzt. Dann beschließt er, sowohl den Kommentar seiner Mutter als auch den seiner Frau zu überhören. Er wird jetzt einfach wieder gut gelaunt und fröhlich sein. Alles andere hat ja keinen Sinn.

LASSEN SIE ERZÄHLEN

- *Haben Sie schon einmal sinnbildlich zwischen zwei Stühlen gesessen?*
- *Hatten Sie schon mal einen Sonnenbrand? Was haben Sie dagegen gemacht?*
- *Kennen Sie noch mehr alte Hausmittel gegen verschiedene Beschwerden?*

WAS SIE NOCH TUN KÖNNEN

Verwöhnen Sie Ihre Teilnehmer*innen mit einer kleinen Handmaske. Verrühren Sie 6 EL Quark mit 3 EL Olivenöl und 1 TL Honig. Diese Mischung streichen Sie auf die Handrücken Ihrer Teilnehmer*innen. Wer mag, kann die Mischung bis zu 45 Minuten einwirken lassen. Dann wird die Mischung mit einem feuchten, weichen Tuch abgewischt. Die Hände fühlen sich danach angenehm weich und gepflegt an.

FERDINAND BEKOMMT EINEN FINDERLOHN

Martha ist mit ihren beiden Jungen sehr zufrieden. Ernst, ihr Großer, besucht die höhere Knabenschule. Er ist ein fleißiger und strebsamer Junge. Ferdinand hingegen ist ein Wirbelwind. Aber ein liebenswerter. Er geht erst ins zweite Volksschuljahr. Er nimmt es mit seinen Aufgaben nicht so genau wie sein Bruder. Aber er ist schlau, davon ist Martha überzeugt. Was kann sich eine Mutter mehr wünschen?

Damit Ernst in der Küche in Ruhe seine Hausaufgaben machen und lernen kann, will sie heute Ferdinand mit zum Einkaufen nehmen. Ihr Jüngster ist sofort einverstanden.

„Aber du musst nicht denken, dass ich dir etwas kaufe. Benimm dich also, wenn wir gleich im Laden sind", mahnt Martha ihren Jüngsten.

„Aber natürlich, Mutti!", sagt Ferdinand voller Inbrunst.

Er wirft ihr einen Blick zu, als könnte er kein Wässerchen trüben. Martha muss sich ein Schmunzeln verkneifen.

„Zieh schnell deinen Mantel an", schickt Martha Ferdinand in den Flur.

Sie schreibt noch Schmalz und Kernseife auf den Einkaufszettel. Rasch bindet sie sich ihr Kopftuch um und greift nach dem Weidenkorb. Dann nimmt sie Ferdinand an der Hand und die beiden marschieren los.

Bei „Linde", dem Kaufladen um die Ecke, gibt es alles: Lebensmittel, Kurzwaren, Stoffe und sogar Schrauben und Nägel. Als Martha mit Ferdinand den Laden betritt, schlägt das Glöckchen über der Tür an.

„Frau Kehrer! Schön, Sie zu sehen“, grüßt Frau Linde, die Ladeninhaberin, auch gleich.

Martha lächelt und tritt an den Tresen. Sie stellt den Korb ab und lässt ihren Blick über die Regale schweifen. Ferdinand stellt sich artig neben sie.

„Was darf es denn sein?“, erkundigt sich Frau Linde.

Während Martha die Dinge auf ihrem Einkaufszettel abliest, sieht sie aus den Augenwinkeln, wo Ferdinands Blick hängen geblieben ist. Ganz wehmütig fixiert er das große Bonbonglas auf dem Tresen. Martha stupst ihn an und schüttelt ganz leicht den Kopf. Frau Linde dreht ihnen unterdessen den Rücken zu und holt die gewünschten Waren aus den Regalen hinter sich.

Da bimmelt die Türglocke erneut. Ein junger Mann betritt den Laden.

„Frau Linde!“, sagt er aufgeregt und kommt mit langen Schritten auf den Tresen zu.

Martha tritt einen Schritt zur Seite.

„Entschuldigen Sie bitte, dass ich einfach so unterbreche. Aber ich habe gerade das hier vor Ihrem Laden gefunden“, sagt der junge Mann.

Er reicht einen Zettel an Frau Linde weiter.

„Du meine Güte!“, ruft die Ladenbesitzerin.

„Das ist ja mein Lieferschein. Der muss mir aus der Tasche gefallen sein."

Der junge Mann lächelt.

„Haben Sie vielen Dank!", sagt Frau Linde und drückt dem Mann eine Tafel Schokolade in die Hand.

„Ein kleiner Finderlohn für Sie", sagt sie.

Martha sieht, wie ihr Ferdinand große Augen macht.

„Das wäre doch nicht nötig gewesen", antwortet der Mann.

Er steckt die Tafel Schokolade in seine Manteltasche und verlässt mit einem Gruß in die Runde den Laden.

„So ein netter und ehrlicher Mensch", sagt Frau Linde und klingt begeistert.

„Wo waren wir stehen geblieben?", wendet sie sich dann wieder an Martha.

Kurz darauf ist der Einkauf erledigt und Martha und Ferdinand stehen wieder vor dem Laden.

„Warum hat der Mann vorhin Schokolade bekommen, ohne zu bezahlen?", will Ferdinand wissen.

„Na, weil er Frau Linde etwas gebracht hat, was sie verloren hat. Und was sie unbedingt braucht. Darum hat der Mann eine Belohnung bekommen. Das nennt man Finderlohn", erklärt Martha ihrem Sohn geduldig.

Die beiden gehen einige Schritte. Plötzlich bleibt Ferdinand stehen. Martha sieht, wie er an seinem Mantel herumnestelt. Dann rennt er zurück zum Laden.

„Wo willst du denn hin?", ruft Martha ihm nach.

Aber Ferdinand ist schon bei „Linde" durch die Tür getreten. Mit schnellen Schritten folgt sie ihrem Sohn.

Als Martha den Laden erreicht, sieht sie Ferdinand am Tresen stehen. Sie kann erkennen, dass er etwas in der Hand hält und es Frau Linde entgegenstreckt.

„Ja, das könnte tatsächlich der Knopf vom Wintermantel meines Mannes sein. Und du hast ihn vor der Ladentür gefunden?", erkundigt Frau Linde sich freundlich.

Ferdinand nickt. Die Ladenbesitzerin nimmt den hingehaltenen Knopf entgegen.

„Bekomme ich jetzt auch einen Finderlohn?", fragt Ferdinand.

Frau Linde lacht. Dann hebt sie das Bonbonglas hoch und hält ihm die Öffnung entgegen.

„Greif zu", sagt sie.

Als sie sieht, dass Martha auch im Laden steht, meint sie: „Einen aufmerksamen Sohn haben Sie,

Frau Kehrer. Hat vor dem Laden einen Knopf gefunden und ihn gleich abgegeben."

Martha sieht verwirrt von Frau Linde zu Ferdinand. Der stopft sich rasch einige Bonbons in die Tasche und wendet sich zum Gehen.

„Komm, Mutti. Und auf Wiedersehen, Frau Linde", sagt Ferdinand und ist auch schon verschwunden.

Martha stammelt einen eiligen Gruß. Draußen wartet Ferdinand auf sie.

„Was war denn das? Das musst du mir jetzt aber erklären", fordert Martha ihren Sohn auf.

Ferdinand tritt von einem Fuß auf den anderen. Dabei hält er mit einer Hand die Knopfleiste seines Mantels fest umschlossen.

„Ich war ganz artig. So wie du es gesagt hast. Ich wollte gar nichts haben. Ich hab mir nur einen Finderlohn geholt. Und das darf man schließlich", sagt Ferdinand kleinlaut.

„Einen Finderlohn?", hakt Martha nach.

Ferdinand nickt. „Ja, für den Knopf."

„Du hast einen Knopf gefunden?", fragt sie weiter. Ferdinand umfasst seine Knopfleiste am Mantel noch fester. Plötzlich wird Martha so einiges klar.

Sie zieht Ferdinands Hand weg. An dieser Stelle saß bis eben noch ein Knopf. Jetzt hängt da nur noch ein loser Faden.

„Du hast einen Knopf von deinem Mantel abgerissen? Und den dann Frau Linde als Fundstück präsentiert?“, ruft Martha aufgebracht.

„Aber Mama, ich wollte doch nur so gern ein Bonbon haben. Und weil ich ja nichts bekommen sollte, dachte ich mir, dann muss ich mir die Bonbons eben verdienen“, versucht Ferdinand, seine Mutter zu beschwichtigen.

Martha holt Luft. Sie will schon zu einer Strafpredigt ansetzen. Doch dann lässt sie es sein. Ferdinand ist ein cleveres Bürschchen. Das muss sie zugeben. Und darauf ist sie als Mutter ja eigentlich stolz.

„Zu Hause geb ich dir einen neuen Knopf. Und den nähst du ganz alleine wieder an. Verstanden?“, sagt sie stattdessen.

Ferdinand nickt, wickelt sich ein Bonbon aus und steckt es sich in den Mund.

Lassen Sie erzählen

- *Wo haben Sie früher eingekauft?*
- *Was gab es dort alles zu kaufen?*
- *Wie roch es in dem Laden? Können Sie sich daran erinnern?*
- *Haben Sie schon einmal einen Finderlohn bekommen?*
- *Was wollten Sie als Kind früher unbedingt haben? Haben Sie dabei auch ein bisschen getrickst, um ihr Ziel zu erreichen?*

VERONIKA SCHÖPFT VERDACHT

Seit gestern redet Veronika von nichts anderem: Überall vermutet sie ein Verbrechen. Denn gestern war sie mit ihrer Freundin Helga im Kino. Dort lief ein Film nach einem Roman von Agatha Christie. Ihre Hauptfigur, die schrullige Miss Marple, löste den Fall im Handumdrehen.

„Bestimmt wird bei uns auch jede Menge angestellt. Das ist nur noch niemandem aufgefallen", erklärt

Veronika ihrer Freundin, als die beiden von der Arbeit nach Hause schlendern. Die Freundinnen arbeiten als Näherinnen in der großen Schneiderei am Ort.

„Na, jedenfalls ist bei uns im Betrieb nichts verdächtig, oder?“, witzelt Helga.

Doch da ist sich Veronika nicht sicher.

„Der Wieland, unser Hausmeister, der war heute schon sehr komisch. Er hat jedenfalls so grimmig geguckt“, meint Veronika.

Helga lacht. „Aber der schaut doch immer grimmig. Da wäre es viel verdächtiger, wenn der mal gute Laune hätte.“

Als Veronika und Helga in die Straße einbiegen, in der beide wohnen, bleibt Veronika plötzlich stehen. Sie krallt sich in Helgas Arm und duckt sich.

„Was hast du denn?“, will Helga wissen.

„Da!“, raunt Veronika ihr ins Ohr.

Sie zeigt auf das Haus der Peters. Herr und Frau Peters wohnen schon hier, solange Veronika denken kann. Als Kind hatte sie immer Angst vor Herrn Peters. Jetzt, wo sie den ganzen Tag in der Arbeit ist, bekommt sie ihn kaum zu Gesicht. Aber gerade ist er vor seinem Haus beschäftigt.

Veronika zieht ihre Freundin zu den Holunderbüschen, die neben dem Gartenzaun von Herrn Peters stehen. Dahinter verborgen, beobachtet sie Herrn Peters' Treiben.

„Schau nur!", flüstert sie.

„Ich sehe, dass der alte Peters beschäftigt ist", meint Helga lapidar.

„Beschäftigt! Ha! So kann man das auch nennen. Schau doch genauer hin", fordert Veronika ihre Freundin auf.

Helga reckt ihren Kopf hinter dem Holunderbusch hervor.

„Doch nicht so auffällig!", zischt Veronika.

„Und, was siehst du?"

Veronika sieht Helga triumphierend an.

„Ich sehe, dass Herr Peters einen großen Sack durch den Garten zieht. Jetzt ist er bei seinem Schuppen angelangt. Er öffnet die Tür. Den Sack zieht er nun in den Schuppen."

Helga zuckt mit den Schultern. „Und weiter?"

Veronika schüttelt missbilligend den Kopf.

„Merkst du nichts? Er zieht einen Sack hinter sich her. Was, wenn er seine Frau umgebracht hat? Und jetzt will er die Leiche verstecken!", sagt Veronika aufgebracht.

Helga tippt sich an die Stirn.

„So etwas passiert doch nur im Film", meint sie und grinst.

Veronika hält sich mit einer Hand am Gartenzaun fest und stellt sich auf die Zehenspitzen.

„Er kommt wieder aus dem Schuppen", flüstert sie. „Den Sack hat er nicht mehr dabei!", meint Veronika dann ganz aufgeregt.

Leise dreht sie sich zu ihrer Freundin.

„Hab ich es nicht gesagt? Jetzt sieht er sich verstohlen über die Schulter. Der hat etwas zu verbergen!"

„Hallo! Bist du nicht das Fräulein Veronika von gegenüber? Und das Fräulein Helga ist auch dabei", sagt plötzlich eine Stimme.

Vor Schreck hätte Veronika beinahe aufgeschrien. Sie presst eine Hand auf den Mund. Da! Herr Peters drückt Zweige des Holunderbuschs beiseite. Sein Kopf taucht zwischen den Ästen auf. Er mustert die beiden Freundinnen.

„Was macht ihr denn hier?", fragt er und klingt dabei ganz harmlos.

„Nichts. Wir haben nur Ihre schönen Büsche bewundert“, sagt Helga hastig.

Langsam erwacht Veronika wieder aus ihrer Erstarrung. Von wegen Büsche bewundern! Sie wird jetzt Herrn Peters einfach ihren Verdacht auf den Kopf zusagen.

„Wir haben gesehen, dass sie einen Sack in den Schuppen geschleppt haben“, geht sie mutig zum Angriff über.

Helga schüttelt energisch ihren Kopf. Aber das interessiert Veronika nicht.

„Da haben wir uns schon ein bisschen gewundert“, meint sie und schaut Herrn Peters fest ins Gesicht.

Der Mann nickt.

„Ja, das stimmt. Es ist auch nicht so schlimm, dass ihr beiden das mitbekommen habt. Solange meine Frau es nicht gesehen hat ...“, sagt er und zwinkert Veronika zu.

Seine Frau? Also hat er sie nicht umgebracht. Sonst müsste er ja keine Angst haben, dass sie etwas sieht. Veronika versucht, genauso gut zu kombinieren wie Miss Marple. Wenn in dem Sack nicht Peters’ Frau steckt, wer dann?

Zu Veronikas Überraschung gibt Herr Peters ungefragt selbst die Antwort.

„In dem Sack sind die ganzen Stuhlpolster. Sechs Stück. Meine Frau hat morgen Geburtstag. Und da wollte ich die Polster erneuern. Es soll eine Überraschung werden."

„Stuhlpolster?", ruft Veronika überrascht.

„Ja, was dachtet ihr denn? Dass ich eine Leiche in dem Sack versteckt habe und herumschleppe?", fragt Herr Peters und lacht.

Veronika starrt verlegen zu Boden.

Gut, dass es wenigstens Helga nicht die Sprache verschlagen hat. Sie kichert und meint: „Nein, nein. Natürlich nicht."

Dann wirft sie Veronika einen kurzen Blick zu.

„Wenn Sie so wenig Zeit haben, um Ihrer Frau eine Freude zu machen, dann kann Ihnen Veronika beim Polstern bestimmt zur Hand gehen. Sie ist Näherin. Das macht sie sicherlich gern. Stimmt's, Veronika?"

Veronika zieht die Augenbrauen hoch und sieht ihre Freundin verblüfft an. Herr Peters reibt sich die Hände.

„Das wäre ja ein Ding! Wunderbar! Ich kann Ihre Hilfe gut gebrauchen", meint er begeistert.

„Dann geh ich mal", sagt Helga.

Und ihrer Freundin Veronika flüstert sie noch zu: „Strafe muss sein. Vielleicht kuriert dich das ein bisschen und du überlegst dir das nächste Mal besser, wen du wofür verdächtigst. Auf Wiedersehen, Miss Marple."

Veronika ringt sich ein schiefes Grinsen ab.

„Bis morgen", murmelt sie.

Dann wendet sie sich an Herrn Peters.

„Also, los. Womit sollen wir anfangen?"

LASSEN SIE ERZÄHLEN

- *An welchen Kinofilm von früher können Sie sich noch besonders gut erinnern?*
- *Welche Art Filme schauen Sie gern?*
- *Mögen Sie Krimis?*
- *Haben Sie schon einmal jemanden zu Unrecht verdächtigt?*
- *Finden Sie auch „Strafe muss sein"?*
- *Kennen Sie noch andere Lebensweisheiten?*

FREUNDLICHKEIT ZAHLT SICH AUS

Die Mitglieder der Freiwilligen Feuerwehr Nahenstadt treffen sich jeden Donnerstag im „Goldenen Krug". Da wird debattiert, verhandelt und gelacht. Es wird über die Anschaffung eines neuen Schlauchwagens oder den Kauf neuer Uniformen diskutiert. Und natürlich wird das eine oder andere Bier zusammen getrunken.

„Annemarie, bring noch eine Runde", ruft der Kommandant Dieter in Richtung Schanktresen.

„Für mich einen Kurzen", bestellt Walter.

Die Bedienung kommt wenig später mit einem Tablett voller Getränke an den Tisch.

„Her damit", lacht Walter.

Die Kellnerin Annemarie sieht grimmig von einem zum anderen.

„Ihr könnt vielleicht gut löschen – das Feuer und den Durst. Aber Manieren haben sie euch nicht beigebracht", schimpft sie, während sie die Gläser vor den Feuerwehrleuten abstellt.

„Was? Natürlich haben wir Manieren!", tut Dieter ganz entrüstet.

„Kein Bitte, kein Danke. Ein bisschen mehr Höflichkeit könnte man schon erwarten", sagt Annemarie und schüttelt den Kopf.

Kaum ist die Bedienung wieder verschwunden, diskutieren die Männer aufgebracht über ihre Vorwürfe.

„Was soll denn das heißen? Wo kämen wir denn da hin, wenn wir beim Feuerlöschen erst freundlich ‚bitte, bitte' sagen würden", meint Walter.

„Genau!", ruft Heinz. „Wir sind die Freiwillige Feuerwehr und nicht der Verein der braven Sängerknaben."

Ein paar Männer lachen.

„Aber gerade sind wir ja nicht im Einsatz. Deshalb muss ich Annemarie schon Recht geben. Heute hat auch kaum einer gegrüßt, als er in die Wirtschaft kam. Das sollten wir uns wirklich zu Herzen nehmen“, sagt Dieter und blickt in die Runde.

„Willst du jetzt das Kommando ‚Höflichkeit‘ ausrufen, Herr Kommandant?“, witzelt Heinz.

Dieter reibt sich nachdenklich die Nasenwurzel. Dann hebt er einen Zeigefinger.

„Nein. Aber ich habe eine Idee, wie wir alle lernen, mehr auf Freundlichkeit zu achten.“

Alle Feuerwehrleute schauen gespannt zu ihrem Kommandanten. Manche rollen mit den Augen. Andere nicken.

„Wir stellen ab sofort ein Sparschwein auf den Tisch. Und immer wenn jemand das Grüßen, das Bitte und oder Danke vergisst, muss er 20 Pfennig ins Schwein schmeißen“, teilt Dieter seinen Vorschlag mit.

„Gar keine schlechte Idee“, nickt Walter.

„Und in drei Monaten schlachten wir das Sparschwein. Mal sehen, ob es dann für unsere Zeche reicht.“

„Stimmen wir ab“, ruft Heinz.

Der Vorschlag wird einstimmig angenommen.

Zum nächsten Feuerwehrstammtisch am Donnerstag drauf steht ein rosa Porzellan-Sparschwein auf dem Tisch.

„Ab jetzt gilt es!“, sagt Dieter zur Begrüßung.

„Immer wenn jemand vergisst, zu grüßen oder bitte oder danke zu sagen, sind 20 Pfennig fällig“, erklärt Dieter allen die Idee noch einmal.

„Dann mach mal gleich den Anfang. Ich hab nämlich kein ‚Guten Abend‘ von dir gehört“, grinst Heinz.

Dieter seufzt, zieht seine Geldbörse aus der Hosentasche und holt zwei 10-Pfennig-Münzen heraus. Mit einem leisen Klackern fallen sie durch den Schlitz in das Schwein.

„Ich seh schon, das Schwein wird von uns Feuerwehrmännern gut gefüttert werden“, lacht Walter.

Zwölf Wochen später ist es so weit. Das „Höflichkeitsschwein“ wird feierlich geschlachtet. Das übernimmt selbstverständlich Dieter, der Kommandant. Mit lautem Geklimper lässt er die Münzen aus dem

Sparschwein auf den Tisch fallen. Gespannt sehen die Feuerwehrleute zu, wie Dieter mit den Münzen Türmchen baut.

„10, 20, 30", zählt er die Ausbeute.

Schließlich verkündet er das Ergebnis: „Zwölf Mark und 40 Pfennig!"

„Da ist ja schon eine Menge zusammengekommen. Das hätte ich nicht gedacht", staunt Walter.

„Annemarie, bringst du uns bitte eine Runde Bier?", bestellt Heinz betont höflich.

„Aber gern die Herren", ertönt es vom Tresen her.

„Ich glaube, ihr habt damit wirklich bessere Umgangsformen gelernt", sagt Annemarie.

Sie deutet mit dem Kopf zum Sparschwein, während sie die Getränke verteilt.

„Vielen Dank, liebste Annemarie", sagt Walter, als er nach seinem Bierglas greift.

„Mich würde aber schon noch interessieren, wer von uns am meisten abgeben musste", meint Dieter.

„Ich will als Kommandant schließlich wissen, wer in der Runde der größte Rüpel von uns war."

Annemarie hält inne und zieht ihren Notizblock aus der Schürzentasche.

„Das kann ich dir genau sagen. Ich hab nämlich mitgeschrieben“, verkündet sie.

„Wirklich? Das hab ich gar nicht gemerkt“, sagt Heinz verblüfft.

„So war es ja auch gedacht“, grinst Annemarie.

„Na, los, sag schon“, fordert Dieter sie auf. „Wer von uns war am unhöflichsten?“

Annemarie fixiert einen Feuerwehrmann nach dem anderen. Dann befeuchtet sie sich ihren Zeigefinger und blättert in ihrem Block.

„Das war ganz eindeutig ... Dieter!“, sagt sie.

„Was?“, ruft dieser erschrocken.

„Ja, ja, unser Oberfeuerwehrmann. Da hast du dich mit dem Höflichkeitsschwein also selbst erzogen“, kichert Walter.

„Wir anderen hätten das ja gar nicht nötig gehabt“, lacht Heinz.

„Jetzt hört schon auf“, murmelt Dieter.

„Den Rest der Zeche, für die das Sparschweingeld nicht reicht, übernehme ich“, wendet er sich an Annemarie.

„Und jetzt will ich nichts mehr hören, verstanden? Ich meine: verstanden, bitte!“, fügt er für seine Feuerwehrkollegen noch hinzu.

LASSEN SIE ERZÄHLEN

- *Waren Sie früher auch bei der Freiwilligen Feuerwehr?*
- *Haben Sie schon mal Geld in einem Sparschwein gesammelt, um später davon ein gemeinsames Feiern zu finanzieren?*
- *Welche Umgangsformen sind Ihnen wichtig?*
- *Welche Sprichwörter rund um Höflichkeit und Umgangsformen kennen Sie? Was denken Sie über deren Wahrheitsgehalt?*

  Beispiele:

  - Höflichkeit ist die Tugend der Könige.
  - Bescheidenheit ist eine Zier, doch weiter kommt man ohne ihr.
  - Ordnung ist das halbe Leben.
  - Der Deutsche lügt, sobald er höflich ist.

Bildnachweis

S. 7, 14: *Rosen* © Nataliia Sirobaba – Shutterstock.com
S. 15, 21: *Fenster* © Vano Vasaio – Shutterstock.com
S. 22, 29: *Füller und Tinte* © somkhuan khanthong – Shutterstock.com
S. 30, 36: *Theater* © Jonas Petrovas – Shutterstock.com
S. 37, 43: *Nähzeug* © kalavati – Shutterstock.com
S. 44, 50: *Handarbeit* © Melica – Shutterstock.com
S. 51, 58: *Scherben* © enterphoto – Shutterstock.com
S. 59, 65: *Fahrrad* © agatchen – Shutterstock.com
S. 66, 73: *Tassen* © tomertu – Shutterstock.com
S. 74, 81: *Küchenutensilien* © Thomas Bethge – Shutterstock.com
S. 82, 89: *Ferkel* © Volodymyr Burdiak – Shutterstock.com
S. 90, 96: *Kleeblatt* © Nadya So – Shutterstock.com
S. 97, 104: *Füße* © WIP-Studio – Shutterstock.com
S. 105, 112: *Bonbongläser* © Africa Studio – Shutterstock.com
S. 113, 120: *Lupe* © Arman Novic – Shutterstock.com
S. 121, 127: *Sparschwein* © FabrikaSimf – Shutterstock.com